THE PEANUT PAPERS

THE PEANUT PAPERS

in which
Miz Lillian writes

Alan Coren

Illustrations by
Chic Jacob and Glyn Rees

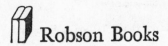 Robson Books

FIRST PUBLISHED IN GREAT BRITAIN IN 1977
BY ROBSON BOOKS LTD., 28 POLAND STREET,
LONDON W1V 3DB. COPYRIGHT © 1977 *PUNCH*
MAGAZINE.

Coren, Alan
  The peanut papers.
  1. English wit and humor
  I. Title
  827'.9'14   PN6175

  ISBN 0-86051-019-0

The publishers would like to thank Punch *magazine for their*
cooperation in this publication.

Printed in Great Britain by Hazell Watson & Viney Ltd,
Aylesbury, Bucks

FOHWOHD

Funny theng, life.

Theah ah em, jest a-settin on thuh back stoop watchin thuh tics hoppin on thuh hawg an waitin foh some kine neighbuh tuh carry Billi across from thuh gas-station foh a bite tuh eat, when this heah felluh come down thuh road.

Befoh ah even seed his face, ah could tail he wuz a stranguh on account of he had a ovuhcoat on. Come right down tuh his knees, an buttons up thuh front, like somethin out of a movie; fust live ovuhcoat ah ever seed in Plains, Ga.

Anyhow, this felluh come right up tuh thuh stoop, an he kine o bowed an took off this hard li'l ole black hat he wuz wearin, an he sayed: 'Good evening,' jest like thet, with a g on thuh aind an evertheng, an ah thought tuh mahsailf, whut we got heah is eithuh a King o Europe or some smart-arse feed salesman with a noo line in pattuh.

An then he sayed: 'My name is Alan Coren, and I should like to make you a generous offer for your correspondence.'

Ah looked at him; he had these heah li'l piggy eyes, an he wuz sweatin like ole pork, an awl in awl ah came tuh thuh opinion thet whut ah wuz a-gazin at wuz a hustler who reckoned he wuz on thuh point o doin hissailf a favuh.

'Cawspawnce?' ah enquired.

'I understand you have been writing to various members of your esteemed and much-loved family,' he wheedled, 'and I wondered if I might purchase copies of these letters and, er, put them into a book. Of course, I realise you may not have written copies out—one wouldn't normally, would one, ha-ha-ha?—but if perhaps you could get the originals back, then I should be only too happy to take copies. At my own expense, naturally.'

'Ain't no need,' ah tole him. 'Ah got a Xerox machine out back, behine thuh hain coop. Ain't nuthin gits writ on these premises whut doan go through thet ole Xerox.'

His face kine o puckuhed up. Sort of fail.

'Really?' he sayed. 'Why do you do that?'

'On account of ah'm thuh Prezdent's momma,' ah replied. 'Anytheng ah put down on papuh li'ble tuh be worth a gole mine.'

Thuh felluh took off his ovuhcoat, an mopped thet weasly ole face o hisn.

'Roughly how much?' he sayed, very croaky.

So ah tole him.

An aftuh ah brung him roun an pumped a coupla shots o Uncle Stinkweed Carter's best corn lickuh in him, wail, him an me come tuh a li'l arrangement. Ah'm go haing on tuh thuh rights an evertheng, an Mistuh Coren go fix thuh spellin an gum thuh thengs togethuh an gen'ly hailp aroun

6

thuh place with thuh hawgs an thuh hains an awl, an he go git one per cent o thuh take an awl thuh grits he kin eat. These heah city slickuhs drive a d—n hard bargin, but whut thuh hail, he got a nice smile, an money ain't evertheng.

L.C.

January 19

DEEYUH JIMMI,

Ah'm leavin this heah note agin yoh cawfee cup on account of how ah'm a-ketchin thuh 8.15 shuttle. Ah planned tuh ketch thuh 7 ay em, only thuh pig kicked ovuh his feed, also stepped in sumthin in thuh hain-coop an tracked it all ovuh thuh vestibewl; not thuh pig, me. So whut with thuh cleanin up, plus changin thuh plugs on thuh tractor, ah got a bit behinehan.

Ah figgered wheah ah oughter git tuh Washington (DC) befoh thuh main party on account of airin thuh baids, also puttin thuh maggernoliyuh pots on thuh back porch an settlin thuh hens out thuh back. Ah took yoh favourite goose also, thuh one with thuh squint an thuh bow laigs; he doan lay worth a damn, but he's shoh good foh a laugh

8

when y'awl feelin homesick, it's better'n a tonic watchin him a-waddlin an a-cacklin an a-squintin!

Anyway, this heah letter is jes tuh settle a few points an remind y'awl of a coupla thengs befoh yew an Rosalynn an thuh kids take off foh the Inaugral bizniss. Ah layed out yoh blew suit on account of thuh pants matches thuh coat, leastways in a good light, an ah brushed thuh husks outa thuh cuffs an picked thuh aigg off of thuh lapail, doan want them folks up tuh Washington a-thenkin thuh Carter fambly ain't got no draiss sense, y'awl gonna be meetin main who got three ties an change socks twice a week. That thuh reason ah layed out a clean tee-shirt an undershorts also; suppose y'awl got tuh be a viccertim of one of these heah dessication attemts, how we awl gonna feel when they drag thuh body off to thuh infirmary an it turnin out tuh have raid long johns on an a button off thuh fly? Talkin of which, ah stood Great Granpaw Carter's scattuh-gun agin thuh wardrobe, thuh one with thuh hair-trigguh, on account of theah's always thuh chance y'awl gonna be able tuh git off a coupla rounds iffn thuh shootin starts.

Thuh smawl suitcase, thuh brown carboard one with thuh string aroun it, is thuh one with thuh cole peanut fritters, thuh ham hocks, thuh sow tits, thuh fried chitterlins, an thuh eight bottles of Forty Rod, jes in case y'awl feel thuh ole colic a-comin on durin thuh sairmony; careful with thuh Forty Rod, though, ole Uncle Stinkweed Carter brewed it special yesdy, an it like tuh explode iffn yew go a-shakin it too much. Uncle Stinkweed Carter also takin thuh libty of enclosin his bizniss cards so's yew kin hand em aroun in case any new frainds gittin a taste foh corn lickuh, a gift at ten bucks a crate.

Ah ain't put a hankie in yoh top pocket, on account of y'awl may need it in yoh pants pocket; worst theng a noo Prezdent kin do is go wipin his beak on his sleeve. Trouble is, ah din have no time tuh git a second hankie, so whut y'awl do is poke thuh end of yoh necktie through thuh hole in thuh linin so it come out in yoh top pocket. It go look dam smart like thet, jes so long as y'awl rememmer not tuh go grabbin it tuh mop yoh face or nothin, otherwise y'awl gonna strangulate yohsailf, heh, heh, heh!

Wail, boy, guaiss thet's about awl fer now, mus git down to thuh airyplane with thuh poultry etceteruh (ah tail yew, they dam near din take thuh chickens as passengers until ah explained wheah yew wuz thuh Prezdent; it openin up a whole noo erah, son, it lookin like we go be able to take thuh animules all ovuh! Next trip, ah may breng thuh pig, he ain't nevuh bin outside of Plains in his life). Eat up yoh green bacon, also thuh grits, doan want tuh have yoh gut a-rumblin when y'awl standin next tuh thet theah mikerophone, folks woan be able tuh hear thuh Oaf of Allegiance foh thuh thunder!

Ah tied yoh shoes ready. Awl y'awl gotta do is slip 'em on!

Yoh lovin Momma

DEEYUH UNCLE STINKWEED CARTER,

It lookin like ah go have tuh be up tuh Washington (DC) a few mower days on account of wheah they ain't got no screen doahs on thuh White House, also no verandah tuh speak of; it shoh beats me how real estate dealuhs kin git away with offloadin stuff up heah, how thuh hail the hains go peck at thuh screen doah iffn y'awl ain't got no screen doah foh them tuh peck at? Also, whut the hawg go do when ah breng him up nex trip iffn he ain't got no veranduh tuh root about on? Ain't nuthin moh pitiful on G-d's earth than a mizble hawg!

So heah ah em, a-sawin an a-hammerin an a-white-washin, ain't got but a minute tuh drop y'awl a line an remine yew tuh look tuh thuh animules on account of me

11

not gittin back tuh Plains afore thuh weekaind. Doan fergit wheah the hawg cain't git tuh sleep unlessn someone seng him a sawng, prefbly *Wolverton Mountin*, only go easy on thuh minor chord stuff, it like to make him bawl, an iffn he git tuh bawlin, he go end up colicky. Also, iffn thuh weathuh turn cole, rememmer thet thuh mule likes tuh stan in thuh kitchin; this means y'awl got tuh move Ephraim thuh turkey out, but doan put him in thuh baidroom, last time anyone done thet thuh frawg got et.

Ah got yoh note about thuh Inaugral sairmony, an ah got tuh say wheah ah thenk y'awl bein a mite unreasnble, ah doan see how Jimmi could of held up a jar of yoh corn lickuh when he was swearin thuh Oaf. Thet thuh kine of theng they run Nixon outa town fer; bad enough foh poh Jimmi, cain't even eat a peanut buttuh sengwidge foh feah some d-mn libble pergressive go notice an start hollerin about cruption! It started already with thuh Taid Sornsen bizniss, Jimmi nominatin him foh Haid of the CIA an everybody start yellin about wheah Taid is a fraind of thuh Prezdent, an Taid havin tuh step down, ain't go git no free car, no free house, no free trips; whut Miz Sornsen go say, not tuh mention her Daddy, he go be roun Taid's place with a shotgun, fella marries his daughtuh an cain't even hole down a decent job foh a mornin, Ole Daddy done slung hissailf away a dowry.

An whut poh Jimmi go do, iffn he cain't put his frainds in thuh top jobs? He go have tuh fill em with enmis, ah spose, woan be able tuh turn his back foh feah someone go hit him with a blackjack; theah go be more tuh this heah Prezdency than a-smilin an a-shakin hans, ah kin see—iffn ah had mah way, Uncle Stinkweed Carter, ah'd send foh a coupla Granmaw Shagpone Carter's boys an git em tuh move in an keep a eye on Jimmi, they ain't much when it comes tuh readin or wearin shoes, but ah bin privileged tuh see Couzin Obadiah Carter bust a bull's neck with one punch, an little Ulysses Gamaliel Carter kin knock thuh eye out of a squirl at six hunnerd yards with thet ole muzzle-loaduh of hisn.

Anyways, ah best git back to thuh site-hut, y'awl know whut hired help is like these days. Thenkin of which, Jimmi came by this mornin while ah was a-lookin out foh a likely tobaccuh petch, an he had this heah nice-lookin boy in tow, no frizz tuh speak of an hardly mor'n cawfee-colour, an he was done up in a blew suit, ah'd of swore it was his own iffn ah din know better, an Jimmi sayed:

'Looky heah, Maw, ah'd like foh y'awl tuh meet Mistuh Andrew Young, he's thuh noo Amurcan Ambassaduh tuh thuh United Nations.'

Wail, ah tail y'awl, ah tookit one look at thet boy, an ah jest bust right out a-gigglin! Natcherly, bein brung up tuh good manners, ah immediately sayed:

'Y'awl go have tuh fohgive mah Jimmi, Mistuh Young, sometimes his famous sense of humuh kinda backfires on him, if y'awl got a clarrynet in thet theah li'l black case of yourn, ah'd be much obliged iffn y'awl would play us a snetch or two of *High Society*.'

Shoot, Uncle Stinkweed Carter, if thet boy din reel back an stare at me! They both hurried away fit tuh crack a stoat, an nex theng ah knew Jimmi was back an a-grabbin me by mah hammerin arm.

'Maw,' he yailed, 'Mistuh Young really *is* thuh noo Ambassaduh! Y'awl done caused me enowermous embarrassment.'

Ah took a moment tuh recover, an ah sayed:

'Wail, y'awl better git used tuh embarrassment, son, thet's all ah kin say, 'cos nex time y'awl go lookin foh Mistuh Young, when World War Three is fixin to start or sumthin, he go be out thuh back lot shootin craps. Ah may

13

not know much, son, but ah knows coloured folks. They thuh nicest people in thuh world, but puttin a chicken in a sailuh suit doan make him a admiral!'

Ah tail y'awl, Uncle Stinkweed Carter, thuh Prezdent still got a lot tuh learn.

Yoh lovin Couzin

DEEYUH JIMMI,

Heah ah am back tuh Plains, damn good bein able tuh scratch agen on thuh street, whut the hail people in Washington (DC) do when they want tuh spit?

Bin a few changes heah in Plains while ah bin away at thuh Inaugral. Main news is yoh brothuh Billi got a special on lubrication oil at thuh garage, buy a jumbo can, Billi throws in a free steak knife; it go be damn good foh Billi havin y'awl in thuh White House, it go put noo git-up-an-go in him, he turnin into a genwine execkertive, ah seed him yesday a-lookin at a apparatus in thuh papuh where yew send in two-ninety-five an they send yew this theng foh cuttin yoh own hair, he go look dam smart, especially with thuh noo tooth he bought foh thuh election.

15

Wail, boy, we awl bin a-follerin yoh progress in thuh noo position altho some of thuh stuff bin a mite ovuh down-town haids, such as where y'awl comin out agin nucluh testin an recommendin foh Britn and France tuh give up their boms, an where y'awl sayin thuh same day about how the Russkies go step on Western Europe iffn NATO doan git up offn its backside, build up its forces, an increase its strike powuh. Uncle Stinkweed Carter figgered it all out while he was wormin thuh goose an he come tuh thuh conclusion y'awl git it from Granpaw Franklin Delano Hawgface Carter's side of thuh fambly. Y'awl rememmer him, Jimmi, he got tuh thenkin he wuz a eucalyptus tree in 1946, an we had tuh nail him up in Heliotrope Jefferson's barn.

Mind, ah thenk Uncle Stinkweed Carter is talkin outa turn heah, y'awl got tuh bear in mind he's a simple man, doan unduhstan how sūmthin thet look confusin tuh a ordinary man is really damn simple iffn y'awl a politician. Ah know y'awl, son, an ah'll jest bet y'awl know what the hail y'awl are talkin about!

Moh impohtant, ah see wheah ah ain't thanked y'awl yet foh yoh wunful hospitaliti durin thuh Inaugral, especially yoh dahlin wife Rosalynn allowin me tuh smoke mah pipe durin thuh soup course, she obviously go be a great boon to y'awl, mebbe iffn Billi din marry Sybil Squires he'd of bin Seckerty of State or sumthin, he sure as hail kin drink Cyrus Vance unduh thuh table if ah'm any judge, an say whut yew like, thet's thuh kine of theng thet impresses Afferican negras an so forth more'n a lot of fancy talk.

Thenkin of which, ah see wheah Cyrus is fixin tuh go visit India. Ah shoh hope he bin advised thet all thet stuff about them not attackin durin thuh night is a load of horsefeathuhs, ah seen photygraphs of poh Great-Grandaddy Choctaw Carter when they brung him hoam one mornin. He looked like a daid haidgehawg.

16

By the by, while ah'm on yoh noo colleagues an so forth, ah mus say it wuz a real pleasure meetin yoh Seckerty of thuh Treasury. Foh a heathen, Mistah Blumenthal struck me as almost a gennelman. I realise y'awl picked him on account of these people bein damn good with money, but he seem to me to have a hail of a lot of potential, an I shoh hope y'awl go find time, with all yoh othuh commitments, tuh bring him tuh Jesus.

Mus sign off now, boy, ah see Isiah thuh mule is lickin mah potroast, ah'm sendin li'l Amy's rook-rifle with this lettuh, everyone heah wishes her a lotta luck with it.

Yoh lovin Momma

DEEYUH AMY,

Yoh ole granmaw is shoh obliged tuh y'awl foh thuh hubcaps, doan see too many forn automobiles heah in Plains! Guess ah'm jest go make that theah Mercedes-Bainz thuh prize of mah collection, go look d—n fine up theah alongside mah two Caddylacs an thuh Thunnerbird. Wishit tuh hail ah could git mah hans on one of them Rolls-Royces, tho: iffn y'awl spot one on yoh way tuh school, ah'd be mighty grateful. Yoh Uncle Billi Carter had one pull into thuh gas-station in 1971, only he wuz so d—n bline drunk his chisel slipped as he wuz a-prizin thuh theng off, an dang me iffn he din stick it right through thuh fella's rear tar. He's a good ole boy, yoh Uncle Billi, but it go be a year or two aforn he's ready foh thuh Senate, it go take more'n bein able tuh spit ovuh thuh bus deepo tuh impress thuh votuhs.

Ah seed in thuh papers where y'awl bin tuh school a whole three days runnin, Amy, ah guaiss y'awl git thet from yoh granpaw's side of thuh fambly. People aroun heah still talk about yoh Great Uncle Spellin Carter's spring of '27 when he put up thuh bookshelf. Fust darned bookshelf in thuh county, folks came two days' drive jest tuh look at it, it had a coupla big nails each end an a plank in thuh middle, an you wuz sposed tuh put yoh books on it so's folk wouldn't walk on 'em. Great Uncle Spellin Carter had two Sears Roebuck catalogues an a illustrated guide tuh poisons of thuh Mississippi an a book about cobblin yoh own shoes an half of *Little Women* he managed to grab outa the dawg's mouf when it come hoam from rootin about in a train wreck. Ah rememmer wheah Great Uncle Spellin Carter had this heah sign glued up ovuh thuh shelf, with LIBRY writ on it, we allus figgered he wuz go be a lawyer or sumpn, until thuh day when he an ole Jake Fillerbee went into thuh libry tuh settle a spellin argument, an it ended with Great Uncle Spellin Carter tearing thuh shelf off of thuh wall an smashin ole Jake Fillerbee ovuh thuh haid with it.

When he come out of thuh penitentiary in '38, he'd give up thuh idea of a intuhlectual career. He bought a ole Model T an a .44 Remington repeatuh an went into thuh bankin bizniss.

Still, y'awl keep up yoh schoolin, Amy, y'hear? Readin got yoh Daddy where he is today; hadna bin foh readin, he'd never of knowed they wuz a-lookin foh a Prezdent, he'd still of bin Governuh of Georgia, an yoh sure as hail doan need tuh be able tuh read foh that! Ah mus say, tho, ah reckon where it wuz d—n insultin, gittin yoh Daddy tuh repeat thuh Oaf aftuh thuh Judge at thuh Inaugrul Sairmony, ah'll jest bet he could of read it for hissailf, ah seen him git through a whole Coca-Cola postuh without movin his lips more'n a coupla times. Ah tail y'awl, Amy, when it come tuh prejdice, these heah Yankees got it four ways ovuh a barrl compared with us folks!

Sorry tuh hear where it's colder'n a gator's tit in Washington. Y'awl be sure an keep a coupla mice in yoh pockets iffn y'awl fixin tuh go outside, ain't nuthin warm the hands more'n a good ole mouse. Jest punch a hole in yoh pocket, poke the mouse's tail through, tie a knot in it so's he cain't wriggle free, an evry time Jack Frost come around a-peckin at yoh fingers, jest give Ole Man Mouse a li'l squeeze, y'hear?

Ah enclose two more boxes of shells foh yoh rook-rifle, as requested. It amazin where they won't serve y'awl in thuh gunshops, but ah figger it's on account of they afraid y'awl go git mugged an the shells go end up in thuh wrong hans. Not that ah got anythin agin coloured folks, Amy, it's jest if thuh good Lord had wanted them tuh shoot, He wouldn't have given 'em banjos.

Good huntin, Amy! Ah'll jest bet yoh Daddy is missin his squirl stoo!

Yoh lovin Granmaw

DEEYUH AMY,

Y'awl go be plumb tarred of hearin from yoh ole gran-maw, but theah's one or two thengs ah wanted tuh say, so be sure an tail yoh mommy Rosalynn she go have tuh wait foh *her* lettuh with thuh recipe-book from ole Auntie Gutpump Carter, ah'll send it along jest as soon as ah git this offn mah chaist.

Takes me a few days tuh knock a lettuh togethuh on account of theah ain't too much stuff aroun heah tuh write on until yoh Uncle Billi Carter finish with thuh Grape-Nuts packet; as y'awl kin figger out, ah'm a-writin thisn on thuh backs of ole lickuh-store till-roll bills, dam lucky yoh Uncle Billi still shiftin thuh stuff, othuhwise we wouldn even have those! So tail yoh mommy ah woan be able tuh git thuh

21

lettuh an thuh recipes off in time foh thuh White House dinnuh party, bes theng she kin do with two hunnerd guests is lay in a hunnerdweight of grits an ten gallons of gravy an give 'em awl a big spoon as they come in thuh doah. Shoh as hail ain't go touch Auntie Gutpump Carter's hawg's bowels an weed dumplins, but it'll jest have tuh do foh thuh meantime.

Theng is, Amy, ah wanted tuh prepare thuh way foh Miz Mary Fitzpatrick, yoh noo nanny: she jest settled into thuh White House, an I bin noticin a lotta stuff in the papuhs about her bein a convicted murderess an shootin Johnny Bynum daid an all, an ah jest had tuh tail mah b'loved li'l granddaughtuh not tuh b'lieve evertheng she read in thuh papuhs; aftuh awl, a chile got tuh have faith in her nanny.

Fust off, Miz Mary Fitzpatrick ain't thuh crack shot everone claimin: way ah hear it, she jest grabbed that ole handgun offn her fraind an got in a lucky one. Miz Mary Fitzpatrick doan even pack a piece of her own, Amy, so doan rely too heavy on her when thuh chips is down an thuh laid starts flyin. Time wuz, a good ole black mammy carried a cut-throat razuh in each suspenduh, a bottle of lye shoved down between her udduhs, an a sawed-off scattuh-gun inside her umbrelly: ah rememmer one time when yoh Great-Uncle Horny Carter went down tuh coloured-town on his thirteenth birthday tuh get hissailf a piece of growin-up, an he wuz jest comin out of Miz Beulah De Pompadour's Frenship Parluh when a coupla big bucks jumps him foh his wallet—hadna been foh his ole nanny, Miz Mahaliah D. Eisenhowuh, he'd of bin daid boy!

She wuz a-waitin tuh escort him back foh suppuh, way she always did, when thuh attack came. Quick as lightnin, Miz Mahaliah had that ole .38 magnum of hers out, fallin tuh her left an firin from behine *The New Orleans Times-*

Picayune. Folks say them two bucks was stone daid afore Miz Mahaliah hit thuh dirt!

Y'awl shoh could git staff in them days, Amy! Take this othuh bizniss, where Miz Mary Fitzpatrick claim to be bline drunk when she done thuh killin: what thuh hail kine of reference is *that* foh a nanny? Nanny who cain't hold her lickuh is about as much d—n use as a steer's wang! Rememmer, Amy, it wuz ole Auntie Redeye T. Jefferson taught yoh Uncle Billi Carter all he knows about drinkin. Ah seen with mah own eyes Auntie Redeye T. Jefferson distil twelve pints of corn lickuh, drink it down straight, deal herself a full house offn thuh bottom of thuh deck without no one noticin, an when anothuh playuh challenged her tuh show her openers, pick him up an kick him through thuh side of a solid ole tin shack! Bes d—n nanny thuh Carter fambly evuh had, an now lookit wheah we're at—nanny who gits high on a coupla glasses of muscatel, starts a-gigglin an a-wobblin, an winds up in thuh chokey foh pluggin someone else's man with a borrowed gun!

Thuh whole worl goin downhill, chile. Guess ah'm jest go have tuh look aroun Plains foh some kine of back-up nanny foh y'awl an pack her off tuh Washington quick as ah kin. Meantime, keep yoh rook-rifle unduh yoh baid till y'awl heah from

Yoh lovin Granmaw

February 23

DEEYUH JIMMI,

Ah know y'awl bin a-lookin fohwohd tuh mah report on India, from whence ah jest gittin back from, an ah tail y'awl, they shoh as hail come a long way from Wounded Knee. Got a female chief, doan even smoke a pipe, smart as a whip, speaks English damn near's good as yoh Momma, ah stood nex tuh her when a train went by, she din turn a hair; time wuz she'd of started in a-prayin an a-shakin thuh ole bean-bag. Ah rememmer thuh story of ole Great Granpaw Travellin Carter, went out once to thuh Shoshone Reservation tuh sell em a li'l ole crate of Great Auntie Eulalia Moonshine Carter's best 190° proof White Wizzbang; hadn bin theah but a minute when he tookit out his gole chimin watch tuh check thuh time. The d—n theng

24

went PING! an all them ole Shoshone fell down in a faint, nex thing Great Granpaw Travellin Carter knew, they'd made him a god. Yes suh, he had these heah visitin cards printed sayin *Great-White-Cloud-That-Go-Ping, No Job Too Great Or Small, Discounts On Bulk Orders,* an aftuh thet, he never lookit back! Wherever he went, it was open wigwam, ah kin tail yew; nex time y'awl fine yohsailf in Shoshone country, take a look aroun, theah's a hail of a lot of raid folks called Little-Carter-That-Dances an Crazy-Runnin-Carter an Wide-River-Carter an Brave-Fox-That-Sets-By-The-Moon-Carter etceteruh.

Y'awl kin recognise 'em by thuh smile.

Anyways, this heah Chief Miz Gandy got a d—n firm grip on thuh reservation; anyone lookin at her sideways go end up in thuh chokey with a big arn ball on his laig an a tin bucket foh compny, so ah guaiss thuh Injuns mebbe ain't come on as far as y'awl would thenk jest from lookin at 'em eatin off of plates etceteruh. Still thuh same ole pattern, wiley ole Chief a-holdin his groun an thuh young bucks a-testin an a-provokin an a-figgerin how to get him upwind with thuh sun in his eyes, only thuh ole Chief two steps ahead of 'em all the time—it thuh ole story, Jimmi, youth agin experience an brawn agin cunnin, it nuthin but Br'er Rabbit, boy, slice it how y'awl like!

It goin a long way tuh explainin why Chief Miz Gandy suddenly springin a lotta thuh troublemakers in time foh this heah election: only d—n platform they got is on account of Chief Miz Gandy leanin on 'em, so soon as the tribe see wheah she ain't leanin no more, they go come to thuh meetin an notch thuh stick foh Chief Miz Gandy agen, dance aroun thuh fire a piece, chaw on thuh free beef jerky, jump on thuh noo virgins, take a few slugs of firewatuh, an creep back to thuh ole teepee tuh sleep it off.

An soon as Chief Miz Gandy got thuh sairmonial haiddraiss back on, why, she go be back with thuh big net an thuh padlock, them uppity braves ain't go git anothuh sniff of thuh open air till thuh 1994 election!

Guaiss y'awl ain't too unhappy with thuh noos eithuh, boy. Aftuh all, Chief Miz Gandy d—n happy with thuh white man's wampum, she still gittin thuh aid an thuh guns an thuh distenguished forn visituhs beatin a track tuh that big ole house of hern with thuh swimmin pool an thuh big black Daimluh, all she go have tuh do tuh hang on to 'em is keep thuh reservation quiet just so's us white folks doan have tuh thenk about 'em too much.

Aftuh all, whut else is a Injun chief foh? Ain't nothin go bring back thuh buffalo; y'awl jest got tuh hang in theah an grab whut's going while y'awl got thuh straingth.

Yaw lovin Momma

March 2

DEEYUH JIMMI,

Yoh lettuh tuh Mistuh Sakharov shoh as hail done stirred
up more hot gas than raw barley in a cow's gut! Ah seen
wheah Mistuh Sakharov ain't wasted no time at all in bangin
off a whole heap of lettuhs from noo dissidents, an if thet
ain't enough tuh show y'awl whut a can of worms done got
its lid took off heah, y'awl better pin yoh ears back: because
when it come tuh interference in Yuman Rights, y'awl go
find moh d——n dissidents right heah in down home
Plains than flies on a daid mule!

Fust ah realised about thuh bust in thuh dam come two
days back in a scrumpled ole note from yoh Uncle Fungus
Carter; he done sent it down thuh mountin with Mad
Willy Carter, so it warn't too easy tuh read, whut with Mad

27

Willy a-chewin on thuh cornuhs an Uncle Fungus Carter not being too much on spellin, also a lotta dirty marks on thuh papuh due to where he used up his weddin soap in 1948, but thuh gist of his message is whut thuh hail y'awl doin tryin tuh give a fair shake tuh thuh downtrod Raids when Yuman Rights is becomin a mockery right on yoh own back stoop?

Uncle Fungus Carter goin on tuh point out thet thuh State of Georgia still ain't ratified his marriage tuh his sistuh Eudora J. Carter, an worse'n thet, evry time he puttin in foh a licence, thuh Feds come aroun an try tuh put thuh arm on him. Showed up last time right in thuh middle of his Silvuh Weddin celebrations in 1973, an if it hadna bin foh Granmaw Polecat Carter's scattuh-gun, he'd of bin short one loyal wife, an poh Mad Willy Carter woulda found hissailf with no mummy. Or, puttin it anothuh way, no auntie. Ain't surprisin he talk to thuh moon so much, not knowin where he stand.

Same theng goin foh yoh couzin Li'l Jesse Carter. He sick an tarred of y'awl protestin about thuh freedom of movement foh Raid critics of thuh state when he bin stuck in Foulwater Hollow these past six years, an evry time he make a run foh the county line thuh Sheriff put up road blocks, git thuh dawgs out, an every d——n law officer foh twenty miles aroun start loosin off at Li'l Jesse Carter's licker-truck. How thuh hail a good ole boy like Li'l Jesse go make somethin of hissailf in this worl when no one go let him open up noo markets? He shoh ain't go build up no lickuh empire aroun Plains now so many folks gone bline an deaf; at least yoh precious Mistuh Sakharov doan have tuh live in a armoured tree in thuh middle of a stinkin swamp with a fish-line tied tuh his toe day an night foh a early warnin system.

As tuh thuh freedom tuh worship, thuh Raid Jews livin

in thuh Promised Lan already, compared with yoh couzin thuh Practically Reverend Stonewall G. Carter, founduh an patriarch of Thuh Fust Church of Christ Thuh Crapshootuh. In any decent society, as he points out in his lettuh tuh me, his Roulette Foh Jesus movement would of bin sanctioned by thuh state an its preachuhs pertected by thuh police from gittin their haids bust in by dissatisfied congregants, but heah in these United States in thuh yeah of grace 1977 AD, all he got to do is set up a chapel in thuh back of his campuh foh his poh life to be in mortal danguh. Simly, thuh freedom of speech ain't worth a hawg's tit these days, ah seen yoh Brothuh Billi Carter with mah own eyes gittin a baseball bat in thuh mouth jest foh remarkin thet a customuh's failuh to tip him foh changin his oil an wipin his windshield must be due to thuh customuh's mothuh bein a cheap hooker an instillin in him a proper respeck foh small change.

Ah tail yew, Jimmi, befoh y'awl start messin in thuh freedoms of all them forn folks, doan forget about cleanin out thuh orgy in thuh stables back home!

Yoh lovin Momma

DEEYUH JIMMI,

Ah shoh as hail hope y'awl are go take this heah lettuh
in thuh spirt it wuz intainded in, an not go runnin aroun
thuh White House a-cussin an a kickin ovuh thuh cuspidohs.
Jest tail yohsailf a boy's best fraind is his momma, an iffn a
momma cain't point her younguns in thuh right direction,
she might as wail go straight down tuh Uncle Lugubrious
Carter's Funeral Parluh an git in thuh d—n box right away.

Ah see y'awl got thuh country $1,670,000,000 in thuh
raid last month. Sez heah in thuh papuh wheah Janry wuz
thuh worst month in US trade histry, y'awl dint export
worth a hawg's leavins, an at thuh same time y'awl bin
a-buyin forn stuff like it wuz Christmas in coloured-town.
Yoh brothuh Billi sat down this mohnin with thuh abacus

he made outa beer cans an ole streng, an he figgered out wheah thuh shortfall come tuh nine bucks foh every man, woman an chile in thuh country, an ah tail yew, Jimmi, his ole neck went raid as a slit water-melon an his ole eyes stuck out worse'n thuh haidlights on thuh pick-up.

'Godammit tuh hail, Maw,' he yailed, 'ah din git thet boy elected so's he could up an swinnel me outa nine bills first time he got thuh chance! Thet's nigh on thirty cans of thuh good ole stuff we lookin at right theah! Whut thuh hail thet d—n fool brothuh of mine playin at?'

Got tuh admit he gotta point, Jimmi. If y'awl care tuh take a look at thet list ah give yew thuh night befoh y'awl left foh Washington, y'awl might notice thet right between wheah ah remine y'awl not tuh scratch in public an mah advice tuh turn yoh unduhshorts inside out an git two days' moh wear out of em, ah point out thet y'awl go be lookin at moh money than yew evuh dreamed of, so thuh best theng tuh do evry night befoh yew an Rosalynn git down tuh prayin is tuh check thuh cashbook. Man gotta keep a cashbook, Jimmi, doan care iffn he thuh Prezdent of thuh USA or Couzin Ole Heap Carter thuh frawg-watchuh.

Evuh since thuh word got out—ah doan have tuh tail yew whut Billi's like when he's got a skinful an his danduh up—folks bin a-bangin on mah d—n doah. Seems tuh me they all bin a-waitin foh y'awl tuh git yoh come-uppance, Jimmi, the worl full of jailous folks: take mah own kin, Miz Willermina Carter, hang me iffn she din send her four boys down from Bline Man Mountin, eight foot tall an only one shoe between thuh lot of em, hair all down their backs an ginguh beards full of daid fiel-mice, they come in mah back doah with them ole muzzle-loaduhs at thuh half-cock an when ah ask em whut they want, Couzin Obadiah stick out a han like a skillet an grunt: 'We come foh thuh fohty-five dolluhs.'

31

True, ah got em tuh settle foh a bag o beef bones an a ride on the hawg in loo, but thet doan make no differnce, Jimmi, it's thuh purncple: thuh Carter fambly ain't nevuh bin in daibt, an suddenly heah we are with nigh on two billion dolluhs gone missin.

Whut kine of forn stuff are y'awl buyin, boy? Ah shoh as hail hope y'awl ain't gittin took, like it happened tuh Granpaw Ezekiel T. Carter in 1918, hitch-hiked all thuh way from Chateau Thierry tuh Paris in thuh hope of gittin his laig over, had more'n fifty dollars back pay stuck inside his puttee an ended up buyin thuh Eiffel Towuh with it. Y'awl got tuh watch these heah fornuhs, Jimmi, they jest lyin in wait foh a country boy.

Ah tail yew, anyone comin roun yoh back porch of a evenin with long greasy hair an smellin of lavenduh an rubbin his li'l thin hans togethuh an dancin on them pointy ole shoes with thuh two colours in em an talkin funny through store-bought teeth, y'awl jest up an kick him in thuh haid.

Y'awl owe it to thuh raist of us.

Yoh lovin Momma

32

March 16

DEEYUH AMY,

Thenk yew foh yoh lettuh, chile. It shoh is nice tuh know ah ain't bin totally forgot by mah Washington fambly. Not thet ah em in thuh least offainded by thuh fect thet yoh deah Daddy din't see fit tuh invite me up tuh thuh house tuh meet thuh British Prahm Ministuh.

Aftuh all, ah ain't nuthin but a mothuh. Mah job finishes aftuh ah go through thuh agonies of bringin a US Prezdent intuh this worl, raisin him up, feedin him, cleanin him, educatin him, an gittin him elected. Ah doan expeck tuh meet smart noo frainds an simlar, especially Eur'ope people who ride tuh hounds an eat peas offn a spoon. Only time ah evuh hunted a fox was when it come aftuh thuh hain: ah ain't a vilent woman, but ah got so incainsed about wheah

33

thet d—n fox was go git thuh hain an deprive yoh Daddy of thuh aigs he needed tuh git strong so's he could grow up tuh be Prezdent, ah jest picked up thuh skillet and banged his brains all ovuh thuh hain-coop.

But ah guaiss they doan hunt thuh fox with skillets in Britain. Ah doan blame yoh Daddy foh not invitin me. Man plannin to pas hissailf off as thuh leaduh of thuh Western worl doan want tuh interduce the British Prahm Ministuh to a woman like thet.

Mind, it doan look like ah missed much. Ah seed him on thuh tee vee, he warn't even wearin a crown. Mebbe he was afraid he was go git mugged, but it shoh as hail disappointed a lotta folks down heah, also no gole coach an no tin suit. Back home they all wear these heah tin suits, got a lid come down ovuh yoh face so's thuh people cain't spit in yoh eye, ah guaiss. Ah cain't see why he couldna wore his suit with thuh crown on his haid, ain't no mugguh go try nothing then; breng a blackjack down on a tin haid, you go wake up thuh entire neighbourhood, not tuh maintion gittin hit back with a arn ball on a chain.

Or a cricket bat. Man warn't even carryin a cricket bat. Ah heerd about them, never seed one, allus wanted to: couldn't never figger why folks need tuh bat crickets, all yew got tuh do is step on em, it shoh shuts em up good. Mebbe it's on account of thuh British folks bein very snappy dressuhs, doan want a smear on their han-made shoes, doan want tuh leave a trail of li'l cricket laigs all ovuh thuh antique carpets.

Ah heerd him a-talkin, too, an it shoh din't amount tuh much. See em on thuh fillums, they all got accents yew could shave a hawg's bristles with, also speakin a lotta British such as 'Stap me, milady, y'awl a toppin good-lookin filly by Jove what!' Thuh one they sent ovuh this time sounded like thuh one who always gits tuh hold thuh horse's haid an ends up marryin thuh servin-wench with thuh squint.

Could be, mind, thet they all as broke ovuh theah as everyone makin out; mebbe them poh ole Brits jest cain't afford top-quality Prahm Ministuhs no moh. When y'awl tole me about how thuh rain come down on his suitcase an thuh side fell out of it, ah couldn't hardly b'lieve it, also thuh pyjamas fallin out with only half a laig an thuh toeless slippuhs an thuh daid moths a-droppin offn thuh tuxedo, but it all beginnin tuh make sainse, now. Ah figgered, when ah heard how he come a-hoverin roun thuh scullery aftuh thuh banquet with thet theah doggy-bag of hisn, it wuz jest thet famous British eccentricity ah heerd so much about.

Ain't so sure no moh.

Ah jest hope thet smart-assed Daddy of yourn remem-mered tuh count thuh spoons, thet's all.

Yoh lovin Granmaw

March 23

DEEYUH ROSALYNN,

Shoh as hail hope y'awl are still at thuh premises writ on thuh ainvelope. Hope y'awl ain't done a Margaret Trudeau.

Lotta wile talk runnin aroun Plains an environs about wheah y'awl ain't on thuh tee vee no moh, everyone figgerin y'awl lit out with a coupla Osmonds or, Lawd hailp me, thuh Stylistics, not that ah got anythin agin people of thuh coloured persuasion, it only on account of thuh good name of thuh fambly. Y'awl din't git tuh be fust lady just so's y'awl could end up as one of thuh Pips.

Ah tole everone it jest a lotta crazy rumuh, it ain't all fust ladies who go take off with thuh fust coon fiddler who come aroun knocking on thuh porch doah, but y'awl know whut gossip's like down heah; ain't seen ole Auntie Gatemouth Carter in a hawg's age, but dang me iffn she din't drop by yesday mohnin tuh commiserate with me due tuh y'awl bein shacked up in thuh Bide-A-Wee Motel in Hot Springs, Arkansas, with fourteen of thuh Memphis City Jug Blowers.

'Y'awl git on outa heah, Auntie Gatemouth Carter!' ah tole her. 'Y'aint nuthin but a rubbuh-lipped ole fawghohn!'

'Thuh hail ah am, Miz Lillian!' she replied. 'Ah got thuh story straight from Granpaw Small Henry Clay Jackson Carter aftuh he seed it in a lettuh Bline Lemon Carter got from his Couzin Ivy Carter who heerd thuh whole d——n theng on thuh newsreels!'

Now, ah ain't sayin thet theah's a word of truth in thuh stories, Rosalynn, an y'awl know foh sure ah wuz pleased as a stud roostuh when Jimmy brung y'awl home, all yoh own teeth, yoh daddy in regluh work, nice laigs an no bald patches on yoh haid, but ain't no use denyin thet y'awl go come in foh a lot moh stress an strain up tuh Washington than y'awl bin used tuh back home. Wearin shoes, remem-merin not tuh wipe yoh mouf on yoh hem, keepin thuh hains out of thuh baidrooms, makin sure thuh staff ain't got no nits, it all builds up, it all takes it out of a person without her even noticin.

Ah wail recall when Uncle Shortstack Carter got hissailf elected dawg-catchuh of Boot Flats, Miss., aftuh a lifetime of settin on thuh back stoop an examnin thuh maggernoliyuh foh rind-weevil: he took thuh heavy weight of execkertive office purty good, mainly on account of thuh only stray dawg in Boot Flats wuz his own rat-hound Dwight, which is why they elected Uncle Shortstack Carter in thuh fust place, what with Dwight drivin bizniss away from thuh town, evry time some tourist stop foh a Doctuh Peppuh an a foot-long frank, Dwight up an sunk his teeth intuh thuh fella's laig, thet d——n dawg wuz turnin a metropolis of some two hunnerd souls intuh a ghost town single-handed; but soon as Uncle Shortstack Carter got his official net over Dwight, he could go right back tuh settin on the stoop an starin at thuh maggernoliyuh.

It was shoh a turnin-point foh Miz Shortstack Carter, tho: bought herself a brazzeyuh out of a mail-orduh catalogue, plucked her mustache, got her teeth out of hock, painted DAWG-CATCHUH'S WIFE on thuh side of her ole Ford pick-up an started cruisin thuh cotton-fields seducin Mexican boll-pickuhs by pointin out she warn't comin back thet way agin an this wuz a once-in-a-lifetime unrepeatable opportunity foh poh wetback trash tuh git in thuh sack with a genwine aristocrat.

Came tuh a bad end, tho, Rosalynn. Drank too much d——n tequilah one night, got herself won in a machete-fight, an last theng anyone heerd she wuz pullin a mule-cart in Ensenada.

Ah ain't sayin y'awl go find yohsailf in her situation, chile, so don't git me wrong. It's jest somethin tuh thenk about, is all.

Yoh lovin Momma-in-Loh

April 6

DEEYUH MIZ WINDSUH,

Ah heerd about yoh Silvuh Jubilee from ole Uncle Trashcan Carter, who gits tuh read all the small print in thuh papuhs, also got thuh biggest collection of beef bones in thuh South-East, not tuh mention a whole two-room house built entirely from Coke bottles, an ah figgered wheah it behoved me as kind of a Queen Mothuh in mah own right tuh bang off mah fambly's congratulations an simlar.

Specially as it ain't impossible wheah we is related to y'awl on account of us Carters comin heah from England in thuh fust place, an we shoh as hail related to most everbody else, far as ah kin see; ah heerd about yoh fambly changin its name all thuh time, could be y'awl is actually

39

Couzin Elizabeth Two Carter, when a pusson gits right down tuh it.

Fust off, ah have tuh felicitate y'awl foh hangin on in theah foh twenty-five yeahs; ain't easy tuh hole down a position foh thet long, an 1952 shoh is a long time ago. In 1952, mah good ole boy Jimmi was jest a unknowed peanut farmuh, foh example, an now d——n me iffn he ain't thuh most famous peanut farmuh in the hole wide worl! Jest goes tuh show, Couzin Elizabeth Two Carter, whut a pusson kin do iffn they put their mind tuh it: another few yeahs an, who knows, y'awl could be thuh Queen of somewhere real big, such as Chinuh or Los Angeles, it all jest a question of keepin right in theah an pitchin!

Second, ah'm takin thuh liberty of enclosin a few hints on how tuh throw a Silvuh Jubilee bash, includin a recipe foh *Stuffed Hawg à la Mode*, which wuz such a success at Auntie May Wall-Eye Carter's Silvuh Weddin celebration up tuh Dead Hole, Arkansas, in 1968. As y'awl kin see, this is a great Georgia delicacy, kine of a baked Alaska: y'awl stuff the hawg with ice cream, put a coupla them silvuh balls wheah its eyes wuz, an serve it up with a hot fudge sauce an a side orduh of fricasseed chitterlins an candied sow tits. Wash it down with a jug of Uncle Stinkweed Carter's amazin Chateau Woodpulp 1977, all yoh guaists go wake up at thuh beginnin of thuh nex twenty-five feelin like goats on heat!

Third, heah's a tip bin in mah fambly foh yeahs concernin silvuh toast-racks, which y'awl go get dozens off, iffn mah deah Jimmi's Silvuh Weddin is anythin tuh go by: he an Rosalynn got silvuhed in 1971, had eighty-six of these d——n thengs, didn't figger whut they wuz foh until 1975, best guaiss anyone made wuz foh holdin small noosepapuhs in, iffn y'awl had any. Wail, turns out they's foh holdin toast, instead of jest holdin a slice unduh each arm tuh keep it warm; trouble is, it d——n uncomfortable holdin a whole rack theah, it marks yoh skin, so heah's whut y'awl do tuh keep a rack of toast warm: string two togethuh an hang em eithuh side of yoh mule's neck. Course, he may try lickin em fust few times, but crack him across thuh haid with yoh broom, he'll git thuh ideah soon enough.

Anothuh useful tip: shoh as hail, y'awl go git a lotta dum relations turnin up at yoh premises jest as an excuse tuh drink yoh lickuh an pocket yoh cutlery. Natcherly, ah ain't too familiuh with dooks an counts an all the raist, but ah'm prepared tuh put foldin money down thet they ain't no different from relatives anywheah; best theng y'awl kin do is leave a few jugs out by thuh gate—with any luck, they go end up too bline drunk out of their minds tuh crawl up yoh path an start causin disturbances on yoh premises. They'll jest fall down in yoh yard, an yew an yoh ole boy kin go roun quietly when it git dark an pick up thuh toast-racks at yoh leesure.

Ain't too much moh tuh say, except tuh wish y'awl a real good blast an a minimum of feudin from thuh hill-folk side of yoh fambly. Ah'd be grateful tuh hear how thuh stuffed hawg goes down, when y'awl got a moment.

Yoh affaictionate possible couzin,

Miz Lillian Carter

DEEYUH COUZIN NEHEMIAH HONEST CARTER,

Ah em addressin this tuh y'awl at thuh Nehemiah Honest
Carter Buildin, White Hawg Mountin, Tenn., as per yohs
tuh me of thuh 29th ultimo, in thuh hope thet the Nehemiah
Honest Carter Buildin ain't moved on by thuh time y'awl
git it. Last time ah heerd, the Nehemiah Honest Carter
Buildin wuz moored on Rat Pond, Miss., wheah y'awl wuz
conductin yoh famous used shoe bizniss.

Ah see wheah y'awl refer to thuh Prezdent's remahks
concernin thuh revival of Amurcan bizniss all across thuh
boahd an how from now on theah go be a noo trust going
back an forth between Govment an thuh bizniss community,
also a noo co-operation an unduhstandin, an everbody go
help everbody else, an like thet. Wail, Couzin Nehemiah

Honest Carter, ah kin see wheah y'awl lookin foh me tuh intercede on yoh behalf with thuh Prezdent in this heah noo spirt, but settin wheah ah am, ah ain't too shoh jest whut the Govment go be able tuh do foh yoh scheme tuh build a giant tourist complex on thuh Great Festerin Swamp, Tenn.

Ah doan know too d——n much about thuh Great Festerin Swamp, but ah do clearly rememmer wheah yoh daddy, Uncle Oklahoma Kid Carter, outran thuh Feds across five states in thuh summuh of 1931 an finally shook em off when he disappeahed intuh ole Great Festerin. When he come out again in thuh fall of 1933, he wuz bald as a aig an moon-crazy. Never spoke anothuh word, as y'awl know, an yoh deah maw had tuh chain his laig to thuh truck so's he couldn't bite people. Folks say as how he wuz took advantage of by alligatuhs, but who kin tail foh shoh?

So ah cain't see exackly how y'awl go fix up Great Festerin foh a tourist paradise, especially as a lotta people aroun heah reckon a pusson kin go bline jest by lookin at it, also it stink like a daid mule from twelve mile away; ah notice from yoh lettuh wheah y'awl already sold sixty-three half-acre lots tuh Noo Yohkuhs eaguh, as y'awl put it, tuh take advantage of a unrepeatable opportunity tuh own a valble an historic piece of ole Tennessee, an ah got tuh admit thet six bucks a acre has tuh be some kine of bargain, no mattuh how y'awl slice it, but yoh plan tuh have thuh Govment backin up thuh scheme with a fifty-million dolluh loan an a pussonal coast-tuh-coast tee vee campaign by thuh Prezdent ain't lookin too good from heah.

Ah notice yoh kine offuh tuh thuh Prezdent of two nights in thuh Happistay Motel with Miz Eulaliah de Bone, who is practically white, plus a onyx desk set, a almost unmarked 1971 Buick, a Batman signallin ring, an a charge account up tuh fifty dolluhs à month at thuh Rexall Drug Stoh in

Eczema Falls, Ga., but tuh mah certain knowledge thuh Prezdent's plan is tuh cut hissailf free of thuh economic policies of previous administrations. Simly, yoh offuh tuh git yohsailf intuh thuh haidquartuhs of thuh Republican Party disguised as a filin-cabinet an grab stuff people puttin in yoh drohs appeahs tuh me tuh be runnin countuh tuh thuh noo Administration's policy of frank an open govment.

He doan need no one shot, eithuh.

So all in all, Couzin Nehemiah Honest Carter, ah doan reckon theah's much ah kin do foh y'awl. Thuh Great Festerin Swamp Riviera go have tuh remain a dream.

Until thuh Prezdent suddenly wakes up tuh whut real life's all about in these United States, anyhow.

Yoh lovin Couzin

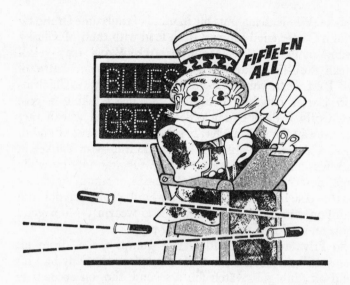

April 20

DEEYUH JIMMI,

Ah ain't nevuh bin one tuh meddle in forn affaiyuhs, but ah go jest have tuh step in heah an say y'awl got no d——n bizniss sendin young Chip off tuh Chinuh, all it go do is stir up a hohnet's naist an probly leave me short one grandson, not tuh maintion wheah y'awl go end up with moh d——n ramifications than a sheep got ticks.

Doan thenk ah doan know whut y'awl are playin at, Jimmi, it plain as a negra's tooth in a full moon: it known as trianguluh diplomacy in thuh trade, and y'awl reckon wheah havin yoh kin tuckin in tuh a three-buck chow mein dinnuh with them top yaller folks go make Braizhnaiv toe thuh line on thuh nucluh disarmamaint theng.

Jest could be yoh fust big mistake, boy; also yoh last big

45

mistake. Whole theng puts me in mind of thuh time Granpaw Fiddlin Carter tried tuh end thuh feud with thuh McClusky fambly ovuh tuh Pus Mountin, Ark. Y'awl may recall wheah thuh feud started right aftuh thuh second battle of Bull Run when yoh great-great-granpaw Private Chickenhaid Carter caught ole Squint McClusky taking a gole watch offn a daid Union officer an reckoned wheah thet wuz no way foh a Confederate soldier tuh behave; aftuh all, it was Chickenhaid hissailf who got thuh d——n Yankee in thuh fust place, an he warn't a man tuh stan idly by while some no-account swill-eatin Arkansas mountin raidneck started poachin Chickenhaid's rightful property, not tuh maintion wheah thuh Yank was also wearin d——n good boots an smokin a nearly noo clay pipe.

So Private Chickenhaid Carter pumps a shell from his ole squirl gun intuh Squint McClusky's neck. Only had his hand on thuh gole watch foh a second, tho, on account of not noticin Corporal Dum McClusky a-settin in a tree on thuh lookout foh stray hosses, these bein worth fifty bucks on thuh open market: Corporal Dum McClusky give Private Chickenhaid Carter both barrls at point-blank range, an wuz jest fixin tuh re-load when Troopuh Yaller Streak Carter come out from behine thuh portable bush he always carried intuh battle an shot thet McClusky outa his tree sweet as a nut!

Only trouble wuz, they had eighteen Carters an twenty-three McCluskys in thuh 17th Volunteers. Leastways, they did foh about anothuh tain minutes. It got tuh be known as thuh third battle of Bull Run.

Thengs kinda died down a bit aftuh thuh War, most of thuh McClusky fambly settled down in Pus Mountin an went into thuh lynchin bizniss, an us Carters spraid oursailves aroun thuh South, doin thuh best we could; but evry so often, thuh whole d——n theng'd start up agin. All come tuh a haid in thuh summuh o 1907: Granpaw Fiddlin Carter an his Hawg Valley Strings got asked ovuh tuh Coon Falls, Ga., tuh play at a Dooley weddin, an when they arrived, fust theng they heerd wuz wheah Bridegroom Simple Dooley wuz gittin hitched tuh young Bandy McClusky, an thuh whole d——n place wuz filled with McClusky kin. When thuh smoke cleared aftuh thuh fust waltz, Granpaw Fiddlin Carter wuz minus two bass banjo players, one washboahd man, plus thuh best d——n bull fiddler west of thuh Gut Rivuh!

It wuz right aftuh this thet he set hissailf down an got tuh fixin thuh Carter-McClusky disarmamaint talks, on account of it was go be impossible tuh find good sidemen iffn the Hawg Valley Strings kept gittin shot off of thuh stand. Would of bin all right, too, if Granpaw Fiddlin Carter hadn't took out insurance by sendin young Uncle Moon Carter tuh have a word with thuh Shagpone fambly who wuz also thuh lifelong enemies of thuh McCluskys an held thuh high ground on Pus Mountin.

'Iffn y'awl doan sign this heah agreement,' Granpaw Fiddlin Carter tole them ole McCluskys across thuh confence table, 'we go team up with thuh Shagpones an spraid y'awl across Pus Mountin like mornin doo!'

They made him eat his fiddle.

Lotta people got blown away thet day, Jimmi.

It warn't thet the McCluskys din't reckon thuh Shagpones; they shoh know'd it warn't no empty threat.

It's jest a question of once a McClusky, always a McClusky. Ain't too late tuh send Chip a cable.

Yoh lovin Momma

DEEYUH JIMMI,

Ah jest figgered ah ought tuh write an say that all us down home folks is right behind y'awl in yoh brave fight tuh consairve ainergy! Even yoh slick kin up tuh Lice River, Uncle Snob Carter III, says he's a-fixin tuh git a smaller mule, an y'awl know how he is about status an all, so's it's purty clear wheah folks is takin thuh whole theng d——n serious.

Natcherly, yoh poh brothuh Billi is a mite put out by thuh noos, on account of it looking like a bad day foh anyone with a gas-station, an if Billi ain't got no gas-station no moh, he ain't go have nuthin tuh lean agin when he git up in thuh mohnin; also, thet good ole boy ain't go have nobody tuh cuss iffn folks doan stop by foh gas no moh, an he shoh as hail go take it out on thuh raist of us.

Specially as he still all fired up about not gittin no call tuh Washington (DC): tole me thuh othuh night he's plumb sick an tarred of folks like Andrew Young gittin to fly all over thuh d——n worl, not only he ain't kin, he ain't even white, an heah he is whoopin it up in all them forn nitespots while all Billi gittin outa thuh noo Administration is goodbye gas-station.

He go help me insulate thuh roof, tho, as per yoh recommendations, tuh stop thuh heat escapin. Only problem is, ah got two hawgs sleepin in thuh loft right now, an pluggin up thuh vent-holes ain't go sweeten thengs so's a body would notice!

Still, there's go be a lotta folks worser offn yoh momma. Take yoh poh couzin Li'l Jesse Carter, who bin runnin his lickuh bizniss up tuh Foulwater Hollow more'n forty year; only way he kin git his goods tuh market is via thet ole blown-through Chevy truck o hisn, it do two hunnerd on thuh straight an theah ain't a Fed wagon kin git neah it. Trouble is, it doan do but four mile tuh thuh gallon with thet ole B-29 motuh unduh thuh hood, an iffn y'awl bang up thuh price o gas like y'awl say, poh L'il Jesse Carter ain't go have no d——n profit at all. Ah seed him yesday, an he wuz fixin tuh run thuh theng on moonshine an sell gasoline in lickuh jugs, most o his customers ain't go know thuh diffence anyhows; but he allus took a pride in his perfession, an he ain't too happy about thuh noo scheme specially considerin whut Carter's Mellow Ole Mountin Doo Numbuh Seven li'ble tuh do tuh his cylinduhs.

Look like good noos foh Auntie Filthy Carter, mind. As y'awl know, she ain't cleaned up thet chicken farm o hers since Uncle Filthy got blowed up in thet bordello in 1917. He allus liked thuh place tuh look lived in, so when he din come back from France, she saw it as a golden opportoonity tuh keep his memry alahve, also git on with her hobby o starin. Now d——n me iffn yoh Alternative Fuels Commission doan come right out an say wheah chicken droppins is a valble source o methane! Look like Auntie Filthy go make Standard Oil a back numbuh; she sittin on a fortune y'awl kin smell from six mile away.

Pussonally, Jimmi, ah reckon we lookin at some kine o miracle, despite thuh odd complaint ah've maintioned heah. Way ah see it, thuh whole industrial an social life o these United States go have tuh change: no moh four-car famblies, no moh air-conditionin, no moh electric toothbrushes, no moh wasteful rushin about on airyplanes an simlar, no moh colour tee vees in thuh bathrooms, no moh powuh boats—it all go be nice an leesurely an quiet an folks jest amblin about an settin in thuh sun tuh git warm an joggin aroun on their ole mule-carts an not botherin tuh take all them expensive baths. Ah tail y'awl, boy, it whut Georgia bin waitin foh since 1861! Could be thuh South go rise agen, aftuh all.

Y'awl gittin tuh look like the best d——n Prezdent since Jeff Davis.

Yoh lovin Momma

May 4

DEEYUH JIMMI,

Herewith thuh derby hat ah took off of Isiah, y'awl kin hardly see thuh holes foh his ears tuh poke thru now ah gummed thuh patches on, also lookin d——n smart with thuh noo coat o creosote. Pity about thuh smail, but ah guess them British woan notice, an anyway it's a sight better'n thuh smail of ole mule. Ah also enclose a rolled umbrelly; ain't as neat as thuh hat on account of Uncle Destitute Carter bin livin unduh it since thuh Depression, but it go get y'awl by, provided no one tries tuh open it agen.

Iffn ah's y'awl, ah'd wear thuh blew suit for arrivin in, thuh British allus sets great store by elegant tailorin, an doan fergit tuh paint yoh laigs on account of wheah thuh pants is a mite short an theah ain't nuthin worse'n a elegant

51

man a-settin hissailf down foh a saucer o tea an a-hitchin up his pants tuh show a stretch o hairy white skin disappearin intuh his sneakuhs.

By thuh way, while ah thenk of it, thuh British doan call em pants. Ah thenk thuh word they use ovuh theah is pavements.

Ah know y'awl go be a great succaiss in London, but doan fergit about wheah thuh British is sensitive folks, specially right now, on account of they is ole an broke, an ain't nuthin so d——n tetchy as ole broke folks, ah seen Granmaw Eulalia Carter whup grown men with her medicare cane jest foh offerin to help her across Skid Row.

Thuh Britishers who is most sensitive right now is thuh uppuh classes on account of they ain't got a pot to spit in, also their stately homes is fallin tuh bits an they got lions an grilluhs in thuh garden, probly on account of not bein able tuh afford thuh staff tuh keep the wile animals from breakin in. Y'awl jest be shoh an keep away from uppuh class folks, Jimmi, ain't no use makin thuh acquaintance o dooks an counts an such iffn y'awl go git a turret fallin on yoh haid an yoh arm tore off by a grilluh. Also steer cleah o thuh workin class; they nuthin but a bunch o Raids, they hear y'awl comin from the US of A they go streng y'awl up like a daid turkey.

Bes theng is, doan go out thuh motel. Everbody know London lyin unduh permanent fawg, any fornuh dum enough tuh step out on thuh sidewalk go git mugged by desprit starvin dooks befoh he even gittin a look at em, either thet or gittin hissailf took off at thuh colluh by commie thugs or et by a roamin tiguh.

They doan call em sidewalks ovuh theah, mind. They call em braces.

Enjoy yohsailf, boy, an doan eat nuthin they ain't boiled fust.

Yoh lovin Momma

52

DEEYUH JIMMI,

Ah figger y'awl ought tuh start thenkin about gittin outa politics. Y'awl done had yohsailf a hunnerd good days, y'awl done visited a whole mess o places most folks only gits tuh see on thuh tee vee, y'awl done got yoh pitcher in every d——n noosepapuh in thuh worl, it time tuh git thuh hail out.

Y'awl got a fambly tuh thenk of, boy. Ah ain't sayin it doan do a man good tuh go bowlin with thuh Pope, but it ain't go put a noo tin roof on thuh pig-pen. All them full-term Prezdents, where'd it git em? Never seed Harry S. Truman with his own tee vee spectacluh, never heerd wheah Dwight D. Eisenhowuh pulled in a million bucks foh his ole memoirs.

Ah guaiss y'awl caught Richard M. Nixon on thuh toob this week? Says in *Time* magazine wheah he gittin a million-plus foh mumblin his way through a coupla hours, also pullin down three million foh thuh rights to thet ole life story o hisn. An knowin ole Tricky thuh way ah do, it shoh as hail wouldn't surprahse me iffn he ain't already sold thuh franchise on a entiah range of Milhous Krispy Chicken Laigs an Sturdy Nixonette Leesure Shirts an Cuddli Dicki-dolls wheah y'awl wine em up an they stab y'awl in thuh back, he ain't never bin one tuh squeeze a gift hawg in thuh fries.

Ain't no way y'awl go pick up thet kine o money jest by hangin aroun thuh White House an tradin smart-arse cracks with thuh Kraimlin etceteruh. Nobody handin out thuh foldin money foh patchin up thuh Middle East; ain't bin too many Prezdents bin able tuh retiah on thuh proceeds o thuh SALT talks; y'awl doan git Cadillac coupes from thuh grateful Cong.

Way ah sees it, Jimmi, is thuh Prezdency ain't nuthin but a step on thuh way to thuh Ex-Prezdency, an anyone doan make thet a d——n short step need tuh git his haid looked at. Y'awl hang on in theah foh thuh full fower yeahs, y'awl go end up with nuthin ceptin aig on yoh face: go be a noo boy with a big smile an a clean fambly movin intuh yoh premises in 1980 an y'awl go be back in Plains faster'n a hot roostuh, with nuthin tuh hang yoh hat in but a rundown peanut operation.

Only way tuh avoid all thet an fix up yoh futuh solid is tuh start a-layin plans now. It cleah tuh me wheah the worl want nuthin in a Ex-Prezdent but a d——n good scandal: y'awl ain't go be a folk hero jest foh cleanin up thuh streets an gettin a female negra lady on thuh boahd of Genl Motuhs. Any day now, thuh worl go be looking foh a noo foul-mouthed lyin crook tuh star with Doris Day an launch a chain o clean mobile massage parluhs. Only question is, how y'awl go fix it? Cain't pull a tax-swindle, cain't do a plummin job on thuh Okefenoke Hilton, cain't deep-six yoh best an brightest colleagues, thet all ole hat these days, ain't no major network go lay down large ones foh a evryday story o political folks.

Us downhome folks has been a-putting our haids togethuh, son, an we figger wheah y'awl got tuh go foh thuh Big One. An right now, whut with thuh fashion in these thengs, we reckon y'awl ought tuh go foh a chain-saw massacre spiced up with a touch o satanism: these United States ain't nevuh had a Prezdent who got hissailf possessed by Ole Nick an wiped out half o Congress with a ten horse-powuh Nash rip-saw. Us Carters could be lookin at ten million foh magazine rights alone!

Now, ah knows whut y'awl go say, Jimmi: y'awl go point out wheah a man could find hissailf lookin down thuh wrong end of fifty thousand volts at thuh end of it all. But y'awl is forgettin one important theng: thet ain't go happen when thuh man in question happens tuh be Prezdent.

All y'awl got tuh do is make a deal. Aftuh all, y'awl got histry on yoh side.

Yoh lovin Momma

DEEYUH JIMMI,

Wail, y'awl done put thuh rat in thuh baby-carriage, this
time, boy! Got tuh be thuh dummest theng y'awl evuh
done, tryin tuh git thet theah drunk forn poet reckernised
an nevuh a d——n word about yoh own kin baired out
theah in thuh hills an swamps an evertheng, ain't got
nuthin but a ole wood faince-post with thuh worm in it tuh
mark thuh spot, an no maintion at all about bein thuh bes
d——n poet east o thuh Mississippi! Ah tail yew, mah
phone ain't stopped a-ringing evuh since yoh kinfolk seed
wheah y'awl wuz a-pushin this heah Dylan Thomas foh
thuh stone angel an thuh big-time, jest tuh impraiss them
ole Europe people with how d——n smart y'awl are, an
everone out heah tuh Plains knowin y'awl only jest learned

56

tuh stop moving yoh lips in time foh thuh Noo Hampshuh prahmry!

Wheah y'awl git off, rootin foh this forn Wailsh person when Great Granpaw Faggot Carter, Bard o Hernia Falls, Ark., give up his life tuh thuh Moose an still ain't bin heerd of, even in Hernia Falls, pairished in thuh arms o Alfred Douglas Shagpone an baired in a unknowed cardboahd box somewheres in thuh Smokies? Doan no one rememmer his movin *Ode Tuh A Hawg*, writ in Chattanooga Penitentiary durin his six-yeah term foh hen-bitin?

'O hawg, y'awl amazin crittuh!
Reg'ly fatherin up tuh more'n a dozen in a littuh!
Shoh beats me wimmin pigs lettin y'awl be a dad
When y'awl stink so d——n bad!'

Nearly got picked foh *Uncle Practicly Lord Alfred Tennyson Carter's Golden Treasury*, exceptin wheah he already had two hunnerd an fifty-one pomes with a hawg theme, includin two hunnerd an six he writ hissailf; but it shoh nevuh put off ole Great Granpaw Faggot, he jest sat down an thunk foh a yeah or two aftuh he got thuh reeject note an he come up with his beautiful *Ode Tuh Uncle Practicly Lord Alfred Tennyson Carter*:

'O Uncle Practicly Lord Alfred Tennyson Carter!
Some of us major poets is a-fixin tuh start a
Noo Litry Movemaint an come aroun tuh yoh place
.An stick a boot in yoh sickenin d——n face!'

As y'awl knows d——n wail, Jimmi, thuh raist is histry.

Thet theah pome wuz thuh start of one of thuh biggest litry controversies of all time, with thuh Pergressives unduh thuh leadership of Great Granpaw Faggot Carter ranged

57

agin thuh ole diehard Traditionalists of Uncle Practicly Lord Alfred Tennyson Carter. Tragedy wuz, them Traditionalists held thuh high ground, an when thuh Pergressives made their famous charge up Foul Hill, they wuz cut tuh pieces in thuh crossfah. Mind, they'd of acquit theirsailves a mite better iffn they hadn't bin wearin high heels an tight pants: Obadiah Mincin Dunlap Jr got his knees blowed off afore he'd gone two yards, Ezekiel Oscar Fingal O'Flahertie Wills Moledung stopped a .44 ball in his noo spring derby and had hissailf a nervous breakdown on thuh spot, an poh ole Great Granpaw Faggot warn't even carryin a piece on account of it spoilin thuh line o his frock-coat. Got tuh thuh top, mind, and started lashin out with this big lily he always carried, but it warn't no d——n use agin double-action Colts. Aftuh all, y'awl doan heah too much about Thuh Flowuh Thet Won Thuh West.

So thet was thet. Alfred Douglas Shagpone brung the remains down the hill, an baired it wheah it lay. Whutevuh ailse this Dylan Thomas done, Jimmi, he shoh as hail din give no moh to his art than yoh poh ole Great Granpaw Faggot.

Y'awl thenk on that, when y'awl come tuh write thuh lettuh tuh Wesminstuh Abbey.

Yoh lovin Momma

May 25

DEEYUH COUZIN ALICE BONES CARTER,

Ah ain't writ y'awl in a hawg's age, ah know, but this is purely on account of wheah ah rememmer yoh time is all took up with settin on thuh back stoop an lookin foh main. Pusson a-settin all day with her good eye glued tuh a Captain Marvel foldin telescope an scourin thuh Alopecia Valley foh anytheng in pants ain't got no time foh fambly noos. Also, last time ah writ y'awl, ah din git a replah foh eight munce, due to wheah y'awl took off aftuh thuh mailman on foot. Ah heerd from Great Uncle Gatemouth Carter that y'awl finally caught up with thuh mail-truck outside Abscess Falls, N. Carolina, an it took three state troopuhs an a highway patrolman tuh drag y'awl off o thet poh boy, y'awl wuz d——n lucky gittin off with bein bound

59

ovuh, time wuz they'd of strung y'awl up foh attempted rape.

Ah'm assumin y'awl still ain't fixed up with a regluh husbin, so thet's why ah'm a-scribblin y'awl this heah note in haste, an ah shoh hope it go git raid. Ah know y'awl ain't got too much time foh readin noosepapuhs, closest y'awl come is rippin the photos out o *Ring* an gummin em on yoh ceilin, so ah figgered it wuz mah bounden fambly dooty tuh write an tail y'awl about Jimmi's noo legislation foh national hailth insurance. Way ah sees it, it lookin like thuh answer tuh a maiden's prayuh, specially a maiden who bin strugglin tuh git rid o thuh label foh better'n thirty yeahs an nuthin tuh sho foh it apart from a nummer o wile-eyed bacheluhs with white hair an tremmlin hans hidin out in various spots along thuh Alopecia Valley who jump out o their skeins an start hollerin evry time a doah slam or a dawg start barkin!

Now, ah ain't one tuh start gittin pussonal, particly about memmers o mah own b'loved fambly, an particly when certn o them memmers couldn do nuthin about thuh way they looked up till now; but y'awl ain't dum, Couzin Alice Bones Carter, an y'awl musta noticed how evry time y'awl come a-visitin ah locked up the hains, on account of the fust time y'awl stopped by an looked at em, thuh poh li'l crittuhs nevuh laid anothuh aig an had tuh end up as' thuh Plains Street Dinnuh foh Jeff Davis Memorial Day; also, thuh cow give cottage cheese foh six weeks afterwards. So it gen'lly cleah wheah y'awl ain't thuh purtiest theng tuh come down thuh pike in livin memry; but ah kin come right out an say it now, on account of y'awl is now in a position tuh do somethin about it!

Fust off, thuh noo legislation go entitle us poh folks tuh free wigs, free teeth, an free spectacules. It no shame tuh be as bald as a poolball, Couzin Alice Bones, but it shoh doan hailp pull a husbin iffn y'awl go aroun with a daid weasel gummed tuh yoh haid, also all yoh teeth rotted out from chawin cheap tobaccuh, except foh jest thuh one yaller fang hangin in thuh middle of yoh mouf like thuh noo moon. Ah woan even maintion yoh spectacules, but if Jimmi's noo administration cain't come up with somethin better'n a pair o bottoms knocked off Coke bottles an strung togethuh with chicken wiyuh, he shoh as hail ain't go git hissailf a second term.

Course, doin yoh face ovuh is only thuh start; even with a blonde wig an a row o shimmerin gole daintchuhs an a coupla them contact lainses, we still lookin at a purty shaky proposition marriage-wise, as they say up tuh Capitol Hill. Still, ain't no one tailin me a country capable o putting a man on thuh moon cain't come up with a coupla decent boobs a feeonsay could hang his hat on, also bang them ole knees o yourn straight an take some o thuh splay outa yoh feet so's a pusson doan notice thuh differnce in size quite so much, also thuh extra toe.

Mind, y'awl go have tuh do yoh own shavin. A welfare state kin do jest so much, afore folks start gittin soft.

Yoh lovin Couzin

DEEYUH JIMMI,

Yoh Indiana speech shoh pervahded everone down home with a altairnative topic o conversation tuh hawg-feed, not tuh maintion gittin ole Uncle Blackjack Pershing Carter slung in thuh slammuh foh two days foh disturbin thuh peace.

Ain't yoh fault, mind: ah doan expeck y'awl tuh go consultin ever memmer o thuh fambly befoh embarkin on majuh policy changes, an it got tuh be said thet Uncle Blackjack allus bin kine o unstable when it come tuh thuh Raid Menace. Ah rememmer when thet ole Nikita Khrush-chev come tuh thuh UN, d——n me iffn Uncle Blackjack din dig hissailf a slit trainch out back o his barn due tuh reckonin wheah ole Nik wuz only creatin a diversion tuh allow thuh Raid Army tuh pierce thuh sawft unduhbelly o Georgia, land two million main at Savannah, march through Claxton an put Atlanta tuh thuh sword. So he painted REMEMMER SHERMAN! on a bannuh, an he grabbed his ole M1 carbine an his Amurcan Legion cap an a two-pound can o bullybeef from his nucluh sheltuh, an he got in thet ole hole, an he waited tuh open up on thuh Raid Army as it come through Plains.

Got hissailf two Bolshevik cows an a goat paratroopuh thuh fust night, an when Khrushchev waint home thuh nex day, Uncle Blackjack reckoned thuh Russkies had throwed in thuh sponge!

So it ain't exackly surprahsin wheah he blew his stack last week, y'awl runnin off at thuh mouf about not fightin fah with fah no moh an extendin thuh han o fraindship tuh thuh Cawmnists an all. Ole Uncle Blackjack Pershing Carter got so d——n raged up, he jest took his M1 outa thuh chimbley at one in thuh mohnin an put two whole clips in thuh side o his Fohd pick-up! Brung thuh Sherrf roun in two shakes of a skunk's wang, an thuh Judge jest sent him down, lickety-spit, fohty-eight hours without thuh option.

Y'see, Jimmi, it come as a hail of a, like, shock tuh thuh system, sunnly up and findin y'awl got tuh change thuh suspicions y'awl growed up with, specially when it come right on top of Civil Rights an Wimmin's Lib an evertheng ailse. Ah mean, yoh deah Brothuh Billi is a reasnble man, but even he bin mumblin about wheah thuh nex Mayor o Plains probly go be a cole-black negra lady with snow on her boots, an everbody go have tuh git off thuh sidewalk an touch thuh forelock an yail: 'Yassum, Miz Eulalia Raskolnikhov, right away, Miz Mayor, suh!' ever time she walk by.

Course, Brothuh Billi took it bad on account of he figgerin thuh next step go be collectivisin thuh gas station, an theah ain't go be nowheres tuh snooze, what with thuh whole o Plains lyin on thuh forecourt an drinkin his beer. It partly on account o this he bin gittin through his stock so d——n fast lately; up till two days ago, thet is. Sunday night, Billi took hissailf a skinful as usual, an he wuz just stumblin home through thuh dark when he bumped intuh thuh local chaptuh o Thuh Mystic Christian Knights Foh Freedom An Light comin from thuh opposite direction.

They wuz fixin tuh set up a cross in thuh town squayuh an set light tuh it in protaist agin thuh Raid Black Female Gay Zionist Longhaired Forn Menace, an yoh poh brothuh took one look at them eight white sheets with their pointy haids an figgered thuh Dee Tees had caught up with him at last!

He started right in a-hollerin an a-wailin somethin tairble, an thuh Mystic Christian Knights started screamin back on account of most of em couldn't see whut wuz happenin due tuh havin cut thuh eye-holes too far apart, an it so happened they wuz all outside thuh town chokey at thuh time an they woke up ole Uncle Blackjack Pershing Carter who rightaway figgered it mus be thuh Russian Invasion he'd bin a-warnin everone about, an he started in a-shriekin an bangin his tin cup on thuh bars, an nex thing we knowed, thuh whole d——n town wuz stood on its ear in thuh middle o thuh night!

Still, it got Brothuh Billi off thuh booze, so ah guaiss thet Indiana speech o yourn might of done some good, at thet.

Yoh lovin Momma

June 8

DEAR GREAT UNCLE LOSIN T. CARTER,

Ah shohly do thank y'awl foh yoh generous lettuh, offrin yoh sairvices tuh thuh White House, but ah'm afraid ah'm go have tuh turn it down along with all thuh othuh kine offuhs folks bin a-makin through me evuh sence thuh *Noo Yohk Times* ran thet theah article about Jimmi's two married boys livin in thuh White House an 'functionin as a political extainsion of thuh Prezdent in thuh Southern tradition of thuh extainded fambly'.

Ah reckernise wheah Jimmi ain't got a advisuh on failuh, as y'awl point out, an wheah it could be hailpful foh him tuh have thuh sairvices of a man who has seen thuh collapse of a worm farm, an international glidin airline, a factory foh buildin tain million wooden bottles a day, a project foh

65

discoverin a substitoot foh water, an a private university offerin courses in whittlin, yodellin, doin up buttons, cuttin toenails, an othuh social graces, not tuh maintion seven marriages, all tuh thuh same woman: but, as of this heah moment in time, as us political folks put it, we is into a unmanageable fambly situation. Iffn Jimmi moves y'awl intuh his premises, whut thuh hail we go tail Couzin Zebedee Banjo Carter, Miz Celia Ann Rabbi Carter, Uncle Shoeshine F. Carter, Li'l Midget Carter, Granpaw Ephraim Death Row Carter ... theah ain't no d——n aind tuh thuh list o Carters who got some kine o political or perfessional axe tuh grine, all of em clamrin tuh git a foot in thuh Washington doah an baind thuh Prezdent's ear this way an thet.

Take Auntie Marjorie Gums Carter. She come ovuh yesdy all thuh way from Dung Forks, Tenn., jest tuh tail me theah warn't no Washington lobby on behalf o the toothless, an d——n me iffn she din drag outa her saddle-bag a whole list o proposals she wuz go put intuh action soon as she got a Cabinet post, includin sech items as a chain o Govment Squishy Food Parluhs wheah poh toothless folks could go an get a whole range o nutritious stuff tuh suck, an a scheme foh a subsidised clay pipe equipped with a rubbuh band foh fixin tuh thuh haid so's smokuhs without nuthin tuh bite with could avoid thuh hazards o pipes fallin in their laps an settin em alight.

She gimme near as big a headache as ole Colonel Stone-deaf Carter: he spent Wensday screamin at me about his scheme foh helpin thuh hard o hearin. He go move intuh Washington, he says, an start pushin a lotta laws through Congraiss about wheah people in stores an bars an simlar go be compailled tuh shout at customuhs at the tops o their voices; preachuhs go have tuh delivuh sermons through megaphones, tee vee sets go have tuh be fitted with four-foot speakuhs, public clocks all go have tuh be equipped with chimes y'awl kin heah across three counties, thuh whole d——n country go be thundrin away like Armageddon! On top o bein painted green, if Granpaw Seamus O'Carter git tuh be Seckerty o State foh Irish Affaiyuhs.

Ah'm truly sorry about turnin y'awl down, Great Uncle Losin T., specially comin on top of thuh worm farm failuh an the jumbo gliduhs an all, but ah'm shoh y'awl go be the fust pusson tuh unduhstan mah perdicmaint. Y'see, apart from thuh accommodation problem, us Carters has got tuh watch thuh whole question o folks talkin: people doan like tuh feel thet they gittin took ovuh. Not everone got as strong a fambly feelin as us down home folks.

Why, only yesdy ah heerd this yankee felluh on the tee vee pickin all kines o holes in Amy's forn policy.

Yoh lovin kin, Lillian (Miz)

June 15

DEEYUH AMY,

Ah know y'awl go be beside yoh l'il self with excitement, findin this heah box o goodies on yoh mat this mohnin, but befoh y'awl go diggin in, ah'd shoh like y'awl tuh read this lettuh an give it some thought.

This heah ain't no ornry box o dressin-up clothes!

Now, ah knows yoh whole b'loved fambly watched thuh British Queen's Silvuh Jubilee on thuh tee vee, especially on account of wheah young Chip an his wunful charmin lady wife Caron wuz attendin thuh wing-ding an yoh Daddy musta wanted tuh make shoh Chip wuz wearin a necktie an not spittin chaw-juice in his hat etceteruh durin thuh sairmony, also thuh lovely Caron not tryin tuh git recipes offn thuh waiters durin thuh Queen's speech.

So ah want y'awl tuh cast yoh mine back an try tuh recawl thuh young felluh who wuz ridin point behine thuh Gole Coach: looked tuh have a long haid in a Beatle haircut an a tiny li'l face hangin unduh it, only it turned out it warn't nuthin but a odd kine o British hailmet, made out of a daid bar. Funny theng, thuh only time ah seed anytheng like it befoh, it wuz on thuh haids o Crockett's Tennessee Volunteeyuhs; could be thet boy got Southern blood in him, which is shoh go be one hail of a bonus when it comes tuh commaindin him tuh one or two of thuh snobbiuh memmers o yoh fambly, sech as Great Uncle Shortarse T. Carter III an Couzin Isiah Greenback Carter, thuh Remold Tar King o Swine Flats, Tenn.

Becos thet theah boy in thuh barskin hat, Amy, warn't none othuh than thuh Prince o Wales! Yes, suh, chile, he not only got hissailf a piece o land nigh on three times thuh size o Plains County, he also go inhairit thuh whole d——n Yew Kay shootin match some day, includin a lotta fine ole famous buildins, tain million acres o good arable land, an a industrial output potaintial practically as good as thuh whole of Atlanta, iffn they git thuh breaks. More'n thet, he go git tuh live in four castles simultaneously an wear a crown on his haid with a dimond on it practicly as big as thuh one on ole Granpaw Sing Sing Carter's stick-pin!

An heah's thuh bes part, Amy: as of this moment in time, he ain't got caught! At a age when most down-hoam boys is gittin ready tuh dandle granchildren, thet Prince Charles is still a bacheluh!

Now ah knows ah doan have tuh draw y'awl no pitchers, Amy; y'awl's a smart chile, an when ah tail yew thet a nummer o Europe gole-diggers is already fixin tuh throw their hats in thuh reng, y'awl go be able tuh latch ontuh mah dreft. True, thuh main contenduh at thuh time o writin ain't nuthin but a princaiss o Luxembourg, a li'l bitty place no bigger'n a hawgpat, ain't got but one stamp-factory an doan grow enough wheat tuh bake a cookie, but thuh big differnce is she's theah, an y'awl is heah, an in thuh famous words o Couzin Socrates D. Carter, it no good waitin foh thuh turkey tuh fly down outa thuh tree, best eat thuh boiled possum while it's still hot, an theah ain't no reason tuh b'lieve Couzin Socrates D. Carter's silvuh words go be lost on thuh Prince.

So heah's this box: it got a clingin gole lamé ball gown in it with a genwine Sears Roebuck label, cost a whole twelve-ninety-five, plus two bits foh Mammy Heliotrope takin a foot off thuh haim, it got a smart ridin kit ah borred off o thuh champion jockey o Eczema Falls, Couzin Midget Carter, it got three pair o high heels thet go breng y'awl up tuh a acceptable four-foot-six, it got a stunnin raid wig, it got a set of false lashes not even a Noo Yohk beauty parluh expert could tail come off o Maggernolia thuh cat, it got stuff tuh make yoh eyes green an yoh li'l lips fat an scarlet, an it got a whole pint o Miz Sadie Dowell's Genwine Home Brewed Nearly Frainch Perfume, garnteed tuh keep thuh flies off throughout thuh sweatiest evenin. An mos impohtant, thuh theng thet look like a double-barrled slingshot gits strapped tuh yoh chaist with thuh two ornges in it.

Ah also takes thuh libty of enclosin a one-way ticket tuh London, with an ole granny's blessin. Thuh raist is up tuh y'awl.

Yoh lovin Granmaw

June 22

Ah hope y'awl ain't go regrait appointin Andie Young.

Speakin outa turn always bin a plague among coloured folks in thuh employ of us Carters; ah shoh as hail doan know whut gits intuh em when they git took on by our fambly, but it go back a long way. Ah warn't but a bitty one-yeah-ole when Great Granpaw Swashbucklin P. Carter come back from thuh Spansh-Amurcan Waw, but ah rememmer cleah as yesdy how everbody in Slush, Ga., wuz out on thuh street tuh wailcome him, a-weepin an a-cheerin an a-throwin their hats in thuh ayer, band playin *Dixie* an thuh dawgs barkin in thuh pound, an mah deah Daddi takin us cleah across three counties in thuh waggon tuh see it, an thet wuz in thuh days befoh we had a mule.

71

Anyways, Great Granpaw Swashbucklin P. wuz stood up theah on thuh podium, chestful o medals an a raidstained sword in his hand, showin how he come up San Juan Hill jest half a haid behine ole Teddi, an he turned aroun tuh his faithful negra servant Henry Clay Stonewall E. Lee, an he yailed out: 'Jest how many o thaim no-count Spics did ah kill thet day, Henry Clay Stonewall?'

An d——n me iffn thet uppity coon din yail back: 'Y'awl mean while y'awl wuz unduh thuh baid, or while y'awl wuz behine thuh commode, Lootenant Swashbucklin, suh?'

Course, thengs wuz differnt in thaim days, Jimmi. Folks jest tossed a rope ovuh a ole eucalyptus tree, an aftuh a coupla minutes, Great Granpaw Swashbucklin P. could git right on with his speech.

Thuh coloured wimmin warn't no bettuh. Yoh elegant Auntie with thuh inside toilet, Miz Desiree Hapsburg Carter of Bug Forks, Tenn., actually managed tuh git thuh mayor o Bug Forks tuh Thanksgivin Dinnuh in 1936, possibly thuh majuh social evaint in Carter histry up tuh yoh inauguration. She wuz prepairin thuh theng foh a month, wrung thuh turkey's naick hersailf an evertheng; an jest as she wuz a-passin thuh genwine silvuh sauce-boat tuh thuh mayor, her coloured maid Elviruh who wuz dishin out thuh stuffin hollered: 'Doan spill thuh possum gravy, Miz Desiree, y'awl ain't due foh anothuh bath till Chrissermus!'

Bin so many d——n examples o thet kine o theng, Jimmi, ah jest couldn't git em all down iffn ah wanted to, all thaim dark folks a-cacklin an interruptin an lettin out thuh fambly skailingtons an ah doan know what ailse, ah guaiss it ain't nuthin but thuh wail-known happy-go-lucky attitood, easy come easy go, git today done an tomorrow kin go haing, an thet theah ambassaduh o yourn kin doll hissailf up in all thuh custom suits an stripe silk naickties he likes, deep down all he really want tuh do is strum on his ole banjo an spit melon seeds ovuh thuh faince.

Still, it all got one big advantage tuh mah way o thenkin, specially foh all of us fambly who got tuh live down heah in Plains, Ga., even tho ah wouldn't like it tuh go no further than this lettuh. Which is that ever time Mistuh Young say sometheng he shouldn't, ah notice wheah he gits hauled in tuh explain hissailf tuh y'awl in yoh private office, an aftuh thet y'awl make a statement tuh thuh Praiss sayin about wheah y'awl done got Mistuh Young straightened out.

May not mean much tuh y'awl, Jimmi, but it shoh makes life a mite simpluh down home tuh have folks raisin their hats on thuh sidewalk an sayin: 'Mohnin, Miz Lillian, ah seed thet ole boy o yourn still keepin thet negra o hisn toein thuh line, heh, heh, heh!'

Stops folks writin on thuh walls o Billi's gas-station, too.

Yoh lovin Momma

DEEYUH ROSALYNN,

Seein thet y'awl ain't got but three weeks afoh Mistuh Menachim Begin arrahves in Washington, ah reckoned thuh bes theng a mothuh-in-loh could do wuz drop y'awl a line on how tuh make him feel comfortable. As Jewish folks ain't too thick on thuh groun in Plains, Ga., ah know ah ain't speakin outa turn when ah offuh y'awl thuh wailth o mah experience tuh hailp y'awl git through thuh visit, on account of wheah ah seed a coupla Jewish people in Atlanta once, also raid a few hunnerd giant novels on thuh subjeck, not tuh maintion raigluh doah-to-doah visits durin thuh Depraission from Mistuh Harvey Rappaport, thuh renowned blouse execkertive, a gennelman ah knows foh shoh useta feel at hoam with us Carters on account of wheah he

74

always useta wear his hat in thuh parluh, jest like fambly.

As thuh wife o thuh househole, Rosalynn, it go be yoh job tuh meet Mistuh Begin at thuh airport with a pail o barley soup, also wipe thuh spoon foh him befoh handin it ovuh, on account of thuh nummer o germs lible tuh be flyin about. Also, take a spare scarf along, an if he try tuh duck outa wearin it, yoh bes course is tuh scream at him about gittin a chill on thuh livuh, it thuh only language he go unduhstand. Doan fergit, when y'awl are settin nex tuh him in thuh limmuhsine goin tuh town from thuh airport, tuh advise thuh drivuh on thuh propuh speed, tail him tuh keep thuh heatin up, watch out foh thet dawg, keep a eye out foh low-flyin airyplanes, doan drive ovuh no sudden bumps, an simlar.

As foh Jimmi, he go have tuh observe thuh propuh protocols an fohmalities soon as Mistuh Begin arrahves at thuh White House, gits some boiled chicken inside him, an comes down foh his fust meetin: ain't no good Jimmi launchin intuh a lotta loose talk about thuh weathuh an thuh trip ovuh an whut Mistuh Begin reckons tuh thuh Worl Series etceteruh, he go have tuh come right out an ask him how's bizniss, how much thuh country turned ovuh las week befoh tax, an whethuh Mistuh Begin kin do a wholesale quote on a bulk orduh o six mohair suits like thuh one he wearin, plus extra pants, alterations at cost, natcherly.

All thet go make thuh Israeli premier feel damn good, specially iffn Chip or someone come in halfway through an everyone yail at him foh not gittin his hair cut, not standin up straight, not askin how his daddy's meegraine is, not ringin his eighteenth cousin from Washington Heights tuh see iffn she contracted anythin maliggernant lately, not bringing flowers hoam las Friday night, all thet kine o theng.

Aftuh thet, ain't nuthin foh y'awl tuh do befoh goin in tuh dinnuh, ceptin tuh tail Jimmi not tuh drink no moh, rememmer whut happened tuh his Uncle Max from Long Island, drove his cab off o Washington Bridge, left a beautiful wife an nine beautiful chillun an not a raid cent invested.

Halfway through thuh chicken soup, Jimmi go have tuh git up from thuh table tuh phone me; tail him tuh leave thuh doah open, so's Mistuh Begin kin hear me shriekin at him. When he come back, he go have tuh infohm thuh compny thet he ain't got no appetite no moh, which is go be yoh cue tuh (a) yail about how it serve him right foh talkin tuh his momma thet way, God doan miss nuthin, an (b) rush out tuh git thuh bes ulcer doctuh in thuh country, also three othuh opinions an a quote from at least four relible funeral parluhs. If y'awl git thuh chance, doan fergit tuh ask Mistuh Begin's opinion on thuh wordin foh thuh memorial stone, on account of wheah yoh fambly has always respected a man o learnin.

An thuh nex mohnin, soon as Jimmi announces his complete recovery, be shoh tuh tail Mistuh Begin thet y'awl go plant a hunnerd trees in Israel by way o thankin thuh Almighty foh deliverin yoh b'loved husban back tuh thuh bosom o his fambly.

An if Mistuh Begin asks foh a hunnerd Phantoms instaid, jest bust out laffin! These heah folks got a terrific sense o humuh.

Yoh lovin Momma-in-Loh

July 6

DEEYUH JIMMI,

Ah seed this week wheah thuh Administration is a-fixin
tuh take thuh Cohncohde bizniss beyond thuh Noo Yohk/
Washington axis an ask ever town in thuh Union how they
feel about thuh theng; so ah natcherly figgered ah'd relieve
thuh burden on thuh taxpayuh a li'l itty bit an git thuh
genl opinion on thuh subjeck down heah in Plains, Ga.,
afoh yoh team start shellin out on thuh bus fares etceteruh.

Course, ah realise they ain't no garntees Cohncohde go
land in Plains, even iffn thuh deal go through, mainly on
account of we ain't got but thuh one ayerstrip out back o
Dunlaps Feed Stoh; ain't too bad, mind, it run foh a cleah
two hunnerd yards afoh y'awl come tuh thuh fust pond,
but a pilot got tuh reckon on ole Miz Dunlap's moose-

77

hound, Swine. Ole Swine jest love lopin aroun thet wide open space seein iffn they ain't somethin foh him tuh kill, an it on thuh cards wheah thuh Faidral Aviation Authorty go reckon him a hazard tuh ayer traffic, specially due tuh wheah thuh las plane tuh land heah wuz thet ole Brewster Buffalo crop-sprayuh o Wormy Jones: made a fohced landin two yeah ago with a daid buzzard in its radiatuh, an Wormy din even have time tuh cut thuh motuh afoh ole Swine bit his tailplane off.

Took three main tuh git Wormy's laig outa thuh d——n dawg's mouf, too. So it look like we go have tuh do some-theng about him iffn we figgerin on invitin Cohncohde tuh set up a regluh sairvice between London/Paris/Plains: no d——n good havin a load o fust-class two-bucks-a-haid jait-set passenguhs steppin elegantly off thuh theng an gittin chased intuh thuh swamp by ole Swine.

Not thet thuh invitin is settled: we got oursailves a strong environmaintal lobby down heah in thuh shape o yoh brothuh Billi; he got plum sickn tarred o waitin foh fame tuh call in thuh shape of a invite tuh join yoh Govment, so he's buildin hissailf a towuh outa ole beer cans in back o thuh fillin station, reckons tuh git in thuh *Guinness Book O Recohds*, towuh go be aroun two mile high at thuh praisent rate o consumption. He go charge six bits foh folks tuh stare at it. Trouble is, Billi reckons it only go take one good sonic boom tuh rune thuh theng, go find thuh gas-station baired unduh two hunnerd ton o ole beer cans: fust Cohncohde tuh put down heah lible tuh find itsailf caught between ole Swine's fangs an Billi's scattuh-gun.

Mind, we got oursailves a strong pro lobby, too: people figger wheah tourism go pick up soon as Cohncohde start jettin in, especially Miz Beulah Wellington's Bide-A-Wee Motel. She plannin tuh build a second room on top o thuh shed an put a extra bucket by thuh pump. Ah bin thenkin along simlar lines mahsailf, ah figger folks go want tuh see wheah thuh Prezdent's momma hang out, ah go do guided tours, plus a mule ride up thuh yard tuh see Ephraim thuh turkey, two bucks includin tasty Carterfurtuh, onions extra.

Only trouble is, Jimmi, we done thuh canvassin but we ain't come tuh no firm conclusion, on account o thuh vote turn out tuh be split right down thuh middle on thuh issue; it all depaind on thuh castin vote o yoh incredibly uggerly kin Couzin Alice Bones Carter, thuh famous spinstuh with thuh bald haid, thuh wall eye, an thuh one giant brown tooth. An Couzin Alice Bones Carter done got hersailf all het up an mizble on account o hearin thet about thuh only othuh place Cohncohde bin landin is Bahrein, Arabia, which some d——n fool tole her is full o wile sex-crazed Ayrabs lookin foh thuh chance tuh hop on a fast plane tuh somewheah white an have their vile way with unsuspaictin white ladies, an ever sence she bin plum tairfied outa her poh ole mind.

Whut she figgers is thet if she do vote foh Cohncohde an swing thuh town behine it, an then thuh whole deal falls through on account o Miz Dunlap's bum ayerstrip an ole Swine's ornry nature, thuh dizpointmaint go kill her stone daid.

Yoh lovin Momma

79

July 13

DEEYUH JIMMI,

Ah'd shoh as hail like not tuh be bawthrin y'awl in a bad
week, poh ole Mistuh Toon gittin badmouthed by thet
d——n Leonid Braizhnaiv, rows blowin up with thuh
Frainch Cawmnists, bad noos on thuh US economic fohcast
front, an on top of all o thet, thuh Army givin it tuh Mistuh
Bhutto in wheahevuh it was an puttin a lotta dum ideahs
intuh thuh haids o thuh Paintagon on account o yoh
decision tuh wine up thuh Bee One bommuh, any day now
y'awl lible tuh find yohsailf a-settin up theah in ole Air
Force One, whittlin a stick an thenkin on thuh Good Lord,
an suddenly a coupla Phantoms go come bustin outa thuh
sun an pumpin laid.

So thuh last theng ah want tuh do is add tuh yoh troubles,

Jimmi, but it got tuh be sayed it goes with thuh tairtory; an this heah bizniss o the Ku Klux Klan meetin in Plains, Ga., las week go have tuh be thrashed out once an foh awl. Y'awl no doubt saw wheah, aftuh thet d——n fool boy Buddy Cochran drove his Jagyuh E-type intuh thuh crowd an bust up nigh on fohty spectatuhs, Police Captain Stewart McGlaun sayed: 'It wuz jest a quiet rally up till then an there wuz no indication that theah wuz a nut in thuh crowd.' Sayed it right out theah in thuh plain view o thuh *Noo Yohk Times* readuhs an everbody. Now, it jest possible a lotta folks go thenk that theah actually wuz a considble nummer o nuts in thuh crowd, especially on account of a lot of em wuz wearin baidsheets an tall pointy hats an liznin tuh Mistuh Bill Wilkinson who calls hissailf Thuh Imperial Wizard O Thuh Invisible Empire O Thuh Ku Klux Klan; an ah thenk someone in authorty ought tuh come right out an speak up on behalf o sanity an good sainse befoh people start gittin thuh wrong idea about Plains, Ga., an figgerin wheah thuh place is full o crazy crittuhs, especially on account o wheah y'awl yohsailf refused tuh comment on thuh incident.

Thuh theng is, Buddy Cochran ain't from Plains at awl. He's from ovuh tuh Thomasville, an anyone go tail y'awl it's a well-known fac wheah all Thomasville folks is a little gone in thuh haid, have tuh be to shail out tain thousand bucks on a forn car, cain't git spayuhs, cain't git service, cain't git nuthin but a load o headaches, an theah ain't a road in thuh county fit tuh drive at more'n fifty on, not tuh maintion wheah it doan do but eight tuh thuh gallon.

Thet Buddy Cochran come roarin ovuh heah burnin up precious ole fossil fuel in direct defiance o yoh ainergy policy, busts a hole in thuh legitimate speed limit, fills thuh local infirmry up with a bunch o wizards in ole laundry, and makes poh ole Police Captain Stewart McGlaun sick

81

tuh his stomach with worry an all, an theah ain't no-one in Washington prepared tuh come right out an say he's a Thomasville man! Right now, thuh whole d——n worl go figger Plains, Ga., ain't nuthin but a hotbaid o crazy people with nuthin bettuh tuh do with their money but blow it all on no-count unAmerican veehickles while thuh US motuh industry is fallin apart an drivin em ovuh othuh folks in open vilation of every d——n traffic law thuh good Lord made.

An as foh thuh KKK itsailf, most o them come from well outside o Plains, anytheng up tuh five or six miles away; anyone who claim tuh know anytheng at awl knows y'awl ain't go ketch Plains folks throwin away good money on sheets an pilluh cases (whutevuh they might be) an cuttin holes in em jus foh wearin on Saturday night, when any sensible pusson kin whip up a good-lookin dancing suit from two ole gunny sacks an a wore-out mule-blanket.

An someone on Capitol Hill ought tuh have pointed all this out, Jimmi. Only part Plains played in thuh whole d——n mess wuz wheah thuh City Council granted a license tuh thuh Klan foh thuh meetin in thuh fust place, an when y'awl thenk on jest how much thet could of meant in coke an burguh an frainch fry sales foh local tradespeople alone, not tuh maintion parkin fees, souvenir peanut packs, postcards o yoh good sailf standin beside thuh flag tuh send tuh thuh folks back home etceteruh, why, who in his right mind go accuse Plains o deviatin from thuh good ole Amurcan way?

Time y'awl spoke up, boy.

Yoh lovin Momma

Thuh CARTER SHOW
591
Hi! I'm edible

July 20

DEEYUH ROSALYNN,

Now looky heah, chile, doan y'awl panic! Hailp is on thuh way, whut ailse is kinfolks foh? With a social disastuh a-loomin ovuh thuh haids o mah b'loved Washington fambly, ah ain't a body tuh stay settin on mah back stoop flickin husks at thuh hawg; evuh sence ah received yoh heartraindin lettuh, ah bin a-rackin brains 'an a-cainvassin opinion down heah, an ah reckon we go be able tuh git a rope aroun y'awl an drag y'awl cleah afoh thuh social swamp close ovuh awl yoh haids!

We got three cleah days afoh Mistuh Peter Jay git tuh Washington. Now, ah know y'awl bin showin a taindency tuh git thuh vapuhs jest a-lookin at his name, on account of wheah he bin writ up as thuh most brilliant man thuh worl

83

evuh seed, go make Thomas Jefferson look like Jerry Lewis, go make everone up tuh Washington run aroun like haidless chickens tryin tuh thenk up wise an witty an amazinly clevuh thengs tuh say due tuh wheah Mistuh Jay got a IQ o 674 an kin read a differnt book with each eye simultaneously while playin thuh Toccata 'n' Fugue on thuh Jew's harp, *but whut thuh hail thet got tuh do with bein a top diplomat, Rosalynn?*

Aftuh awl, we shoh ain't fixin tuh sell Mistuh Jay nuthin; thuh d——n boot is on thuh othuh foot, an whut y'awl an yohs go have tuh do right off is set Mistuh Jay straight on a few thengs. He go have tuh operate on thuh level of us home folks, ailse he shoh ain't go git nuthin done an Mistuh Callaghan go come ovuh an smack his smart haid foh him, thet's foh shoh.

Us folks got tuh teach Mistuh Jay humility. So right now ah'm puttin togethuh a Greyhoun busload o top Plains social an intellectual life an shippin em north in time foh yoh glitterin dippuhlomatic reception nex week, go amaze yoh guaists, charm thuh squirls outa thuh trees, an put ole Br'er Jay in his place once an foh awl.

Take Couzin Vacant Carter: right now he's jest keepin his lip in by spittin ovuh thuh bus deepo, but by thuh time he git tuh Washington, he go be in shape tuh waste a flyin sparruh from eighty feet, ah kin jest see thuh amazemaint on yoh guaists' faces, chompin on thuh caviah an stuff an ole Couzin Vacant standin theah by thuh winduh droppin anytheng with thuh gall tuh fly past! Ain't no use Mistuh Jay bustin in with a Chinese pome or thuh squayuh root o minus one, folks ain't go take a bline bit o notice. The noo British Ambassaduh go have a tough time when Uncle Jolly Green Carter take off his shoes, too: ah know people who come cleah across Georgia tuh look at Uncle Jolly Green's ole lefty, it bigger'n a baseball bat, ah seed him squash a possum with it like it was a roach, not tuh maintion wheah he does a encore with thuh right one, aint neah so big but it got eight toes, any time theah wuz major countin tuh do in thuh fambly, we always turned tuh Uncle Jolly Green.

Mind, thet's not exackly brain stuff, an Mistuh Jay probly go try tuh whip right back an recite *Anna Kareninuh* backwards in thuh original or sumpn, but befoh he do, ole Granmaw Azaliuh Carter go be in theah, reelin off thuh names of awl thuh hawgs born in East Georgia sence thuh cole snap o 1934. Nigh on a hunnerd thousand differnt names, takes her up tuh two days iffn she ain't drunk, it bin kine of a hobby with her evuh sence she fell out thuh eucalyptus tree on VE Day. Course, ain't too easy tuh stop her, baist course is tuh put a bag ovuh her haid an lean her in a cornuh soon as she's brung thuh Jays tuh their knees, an while they're still recoverin y'awl kin wheel on Miz Livuhspot Carter's two boys Jed an Caleb, Jed plays *Dixie* on his haid with a gun-butt while Caleb swolluhs live frawgs, an theah ain't too many Jays about with thet kine o record.

An doan y'awl go havin no qualms about whethuh it go look unfaiyuh relyin on yoh kinfolks tuh git y'awl out of a tight spot. Ah doan know too much about Mistuh Jay, but one theng's foh shoh: he go recognise strong fambly ties when he sees em.

Yoh lovin Momma-in-Loh

July 27

DEEYUH COUZIN SOCRATES D. CARTER,

Ah do shohly thank y'awl foh yoh fascinatin lettuh. As always, it wuz a pleasuh an a privlege tuh git thuh rich fruits o yoh expert ponderin, an normly ah'd have saint thuh theng on tuh Jimmi as y'awl suggest, only thuh boy got a hail of a lot on his plate right this minute, especially in thuh mattuh o boms an awl, an it only go confuse thuh issue furthuh iffn ah breng yoh remarkble plan tuh his attaintion.

Partickly as ah still ain't too shoh in mah own mine whut kine o market theah go be foh a bom thet kills people an leaves hawgs intact.

Could be y'awl ain't fully grasped exackly whut Jimmi's nucluh policy is awl about; an as ah ain't none too cleah on it

86

mahsailf, it ain't jest a question o y'awl spaindin forty yeah on top o Gloom Mountin, Ark., in thuh sole compny o pigs, so doan y'awl go blamin yohsailf, Couzin Socrates D., y'heah? Ah reckon y'awl know by now thuh high esteem thuh whole fambly holdin y'awl in; us Carters ain't fixin tuh fergit thuh way y'awl snatched up thuh mantle o fambly philosophuh on a moment's notice aftuh ole Uncle Spinoza Carter thunk hissailf tuh daith in thuh Fall o '38 tryin tuh work out whut came fust, thuh chicken or thuh hamburguh.

Still, one theng ah kin straighten y'awl out on is thet Jimmi ain't consciously lookin foh noo ways tuh kill yuman beans; ah know foh a fac thet he doan share yoh blief about man jest bein a stage in thuh evolution o thuh hawg, even tho we all done took yoh points about hawgs not smokin, drinkin, swearin, throwin their money aroun, declarin wars, watchin tee vee, muggin one anothuh, goin tuh thuh Moon, shootin dope, votin Republican, rippin off lickuh stohs, writin dirty books, an kickin up a ruckus Satday nites.

So yoh whole plan tuh drop booby-trapped dolluh bills on civilian poplations ain't go find favuh with thuh Prezdent; ah appreciate wheah it could be kine o satisfyin foh y'awl tuh watch yumans rushin tuh pick em up an gitten their haids blowed off, while thuh hawgs, not bein greedy an materialistic an all thet, jest go walk on by an wait foh thuh holocaust tuh come tuh an end befoh takin ovuh thuh worl an usherin in a hawgtopia, as y'awl put it; but thet jest ain't thuh way Washington go look at it, Couzin Socrates D. Thuh whole point o Jimmi's nootron bom is thet it go *deter* people from killin one anothuh on account of wheah thuh plain ole H-boms knocked down buildings as well as thuh folks in em, an this meant thet thuh Russkies always had a haid start when it came tuh thenkin about pressin thuh button, due tuh not havin so much tuh lose as us Amurcans. Ain't got no air-conditioned split-level ranches, ain't got no

Bevley Hills mansions with them ole pianner-shape swimmin pools, ain't got no skyscrapuhs, no astrodomes, no Hiltons, no swell resort areas, no Howard Johnsons, no nuthin.

So when it come tuh a trade-off in bricks an mortuh, whut thuh hail them ole Raids got tuh lose? While poh ole Uncle Sam got tuh thenk all thuh time about whut go happen tuh all his fine propty iffn he throw thuh switch: a ole-fashioned nucluh waw could have cost zillions, Couzin Socrates D.! But with a nootron waw, why, ole Ivan go be able tuh see everyone starts out even.

Course, thuh whole plan go depaind on two thengs: one, thet Amurca doan suddenly feel free tuh git trigguh-happy *fust*, an two, thet thuh Raids is prepared tuh go along with thuh nootron bizniss instead o throwin back a load o primitive ole H-boms, which is jest thuh kine o sneaky trick they're capable of.

Still, thet's thuh way it is with nucluh thenkin, Couzin Socrates D. It's all noo tairtory, y'awl jest got tuh kine o feel yoh way, right?

Yoh lovin Couzin

ROBERT E. CARTERS
⭐LAST HOTDOG STAND

August 3

DEEYUH JIMMI,

Ah know y'awl done thuh right theng, gittin in on thuh Rhodesiuh bizniss; ah shoh as hail ain't go line up with awl thuh critics who figger y'awl doan know Rhodesiuh from a dish o greens, ah reckon theah ain't nuthin mah boy doan know or cain't bone up on in tain minùtes. If y'awl figger a neegotiated sellment is thuh baist course, thet's okay by me, ah ain't goin along with any dum raidnaick view thet Andy Young got y'awl by thuh shoht haiyuhs.

Only theng ah want tuh point out is whut thuh reaction is down heah tuh Plains, Ga., way ah always do, an it go have tuh be sayed thet yoh decision bin a source o great dizpoint-maint tuh some o yoh kin.

Ah guaiss it awl goes back tuh thet day in 1965 when

89

Rhodesiuh seceded. Cain't deny theah wuz a lot o high spirts aroun thet day, Jimmi, folks a-dancin in thuh streets, an hats gittin throwed in thuh ayuh, an thuh brass band o Thuh Mystic Wizards O Thuh White Moonflower playin *Dixie* an *Eatin Goober Peas* an awl, an everone runnin about in their great-great-grandaddy's CSA uniforms an whoopin out thet ole rebel yail, an ole Uncle Stonewall T. Carter standin on thuh roof o thuh gas station an firin his Navy Colt in thuh ayuh, an a weenie roast in thuh evenin an thuh kids' eyes wide in thuh firelight when thuh main started in a-tellin about thuh way it wuz at Lookout Mountin an Chickamauga an Bull Run. Everone wuz figgerin at thet time thet thuh British wuz a-fixin tuh put a army in, an all thuh ole-timuhs down heah wuz writin letters off tuh Mistuh Smith about how tuh avoid a repetition o Vicksburg, an whut Jeb Stuart would have done tuh cut off Bulawayo, an wheah George Pickett waint wrong at Gettysburg, an theah warn't a back stoop foh a hunnerd mile aroun without tain main a-settin on it an hollerin at one anothuh about thuh baist way tuh raise money foh an ironclad so's they could sail it out tuh Beira an kick a hole in thuh British blockade.

Ah mean, ah din go along with none o thet, Jimmi, y'unduhstan, ah reckoned Rhodesiuh wuz wrong tryin tuh haing on tuh thuh slaves an awl, but ah still got tuh admit they wuz stirrin days!

But as y'awl know, too, thuh United States purty well kept out o Rhodesiun affaiyuhs aftuh thet, din even keep too much of a eye on thuh sanctions neithuh, lot o stuff sailed out o Galveston an Mobile nice an quiet an nobody up tuh Washington paid too much heed; so it ain't too surprahsin wheah yoh noo initiative come as kine of a shock down heah. Ah doan expeck it tuh change yoh mind or nuthin, boy, but it ain't too neat havin folks yail 'Carpet-

bagguh!' at me on thuh street, an it thuh same story foh a
lot of yoh kin aroun thuh place.

Only yesday, ah heerd thet thuh Jefferson Davis Band O
Brotherhood up tuh Weasel Swamp, Ark., asked Great
Uncle Robert E. Carter tuh hand ovuh his sword. It go
break thet poh ole man's heart, he bin hangin on tuh thet
ole sabre sence Little Rock, waitin foh some coloured
gennelman tuh try tuh git a hot dawg at thuh Robert E.
Carter Lipsmackin Lunch Countuh an Cocktail Lounge.

Still, ah reckon mebbe he an thuh raist of us fambly
down heah go git a second chance, aftuh awl, now thuh noos
has broke about yoh Brothuh Billi throwin in his lot with
Mistuh George Wallace of Alabama. Course, it go without
sayin thet ah doan hold with Mistuh Wallace's policies, son,
an ah shoh hope y'awl ain't go accuse me o disloyalty tuh
thuh regluh Democratic ticket or nuthin, but Billi's decision
is shoh go make things a mite easiuh aroun heah until this
Rhodesiuh bizniss blows ovuh.

Especially when y'awl considuh thuh price o glazin.

Yoh lovin Momma

August 10

DEEYUH JIMMI,

Ah reckon ah owes y'awl some kine o apology. Y'awl no
doubt bin seein mah name all ovuh thuh papuhs on account
o this heah British Praiss Council bizniss wheah some li'l ole
lady took exception tuh mah publishin mah private caws-
pawnce in *Punch*. Natcherly, ah ain't, mind, apologisin foh
mah name appearin all ovuh, since ah know y'awl love yoh
fambly gittin in print, wheah thuh hail would y'awl be right
now iffn it warn't foh Rosalynn an li'l Amy an Chip an
Billi an me an all thuh raist of us tuh Plains, Ga., settin
y'awl up as Mistuh Clean, thuh peanut farmuh with thuh
good ole Amurcan values who come up from nowheah tuh
lead his people out o thuh maiss them crupt urban Yankees
got em intuh?

92

Thet's thuh kine o theng thuh Brits ain't nevuh go unduhstan. Main complaint this Scottish lady got is wheah mah lettuhs show me up tuh be a tough ole nut stead of a delicate Southern flowuh. Ah guaiss she figguhs wheah growin up as a poh farmuh's wife raisin kids through thuh Depraission an awl ain't too differnt from bein a librarian in Edinburgh, ah guaiss she doan know whut it takes tuh git yoh boy elected Prezdent of thuh US of A. Ah'll jest bet she din even see me durin thuh campaign in mah tee-shirt an mah baseball hat, stridin out theah in front of thuh cheer-leaduhs an tailin thuh worl about mah fambly an awl.

Seems she ain't evuh heerd nuthin about Brothuh Billi, neithuh. Seems she reckoned us Carters tuh be some kine o Southern aristocrats, takin tea with thuh Govnuh an blushin behine our fans whenevuh ole Rhett Butluh winked his eye! She doan seem tuh have read wheah y'awl thuh fust Carter tuh gradwate from college, evuh.

But thet shoh as hail ain't her fault, Jimmi. Lotta stuff jest doan git intuh them quiet Edinburgh libraries. Funny theng is, though, a pusson might reckon on thet ole Praiss Council havin a mite moh at its finguhtips, especially when it come tuh accusin me of 'pretension'. Whut thuh hail they mean by thet? Simly, ah gathuh from folks as wuz at thuh hearin thet no one theah evuh heerd about Southern mannuhs sech as brewin moonshine, keepin hawgs in thuh house, an gittin ovuh-frenly with yoh blood kin. Ah'll jest bet they ain't nevuh seed thuh litracy figguhs foh Georgia, neithuh. Nex theng y'awl know, they go be tailin us theah ain't no sech theng as thuh KKK, coloured-town, Sheriff Rainey, or povty!

Thet's whut brengs me tuh thuh apology ah maintioned at thuh start. Seems like folks ovuh theah tuh England, an folks in positions whut ought tuh know bettuh, still got some d——n funny illusions about Amurca an Amurcans, an ah guaiss awl thuh stuff ah bin puttin in mah cawspawnce jest ain't bin gittin through tuh em. Ah mean, heah we got a official body a-settin aroun awl day at public expainse tuh a country whut doan rightly know wheah its nex plate o grits is comin from, an thuh theng thet everone's arguin about is whethuh us Amurcans is go take offence at jokes about thuh Prezdent's fambly!

Seems thuh British still doan unduhstan us, even aftuh two hunnerd yeahs. Makes me wonduh whut's li'ble tuh do moh damage tuh Anglo-Amurcan relations, mah lettuhs tuh y'awl, or thuh people who wants tuh stop me writin em.

Yoh lovin Momma

ALAN COREN

Educated at Oxford, Yale and Berkeley, Alan Coren is Deputy Editor of *Punch*, television critic for *The Times*, weekly columnist for the London *Evening Standard*, and a regular broadcaster on radio and television. Widely considered to be 'the funniest writer in Britain today' (*Sunday Times*), Coren enjoys an equally large and enthusiastic following in the United States ('One of the funniest writers I have ever read from any country'—*Esquire*; 'The first humorist since Thurber to make a truly trans-Atlantic appeal'—*Washington Post*). *The Peanut Papers* is his eighth book, apart from six he has recently written for children (the 'Arthur Books'), which were hailed as a breakthrough in junior fiction. Coren's other titles are: *The Bulletins of President Idi Amin, The Further Bulletins of President Idi Amin, The Dog It Was That Died, All Except The Bastard, The Sanity Inspector, Golfing for Cats, The Lady from Stalingrad Mansions.*